除了野蛮国家，整个世界都被书统治着。

司母戊工作室

KNOWING
CHINA

唐人说 —— 编

人民东方出版传媒
东方出版社

图书在版编目（CIP）数据

知道中国 / 唐人说编 . —北京：东方出版社，2020.7
ISBN 978-7-5207-1485-3

Ⅰ.①知…　Ⅱ.①唐…　Ⅲ.①中国历史—古代史—文集
Ⅳ.① K220.7-53

中国版本图书馆 CIP 数据核字（2020）第 044541 号

知道中国

〔ZHIDAO ZHONGGUO〕

编　　者：唐人说
责任编辑：闫　妮
特约编辑：范文博
出　　版：东方出版社
发　　行：人民东方出版传媒有限公司
地　　址：北京市朝阳区西坝河北里 51 号
邮　　编：100028
印　　刷：北京联兴盛业印刷股份有限公司
版　　次：2020 年 7 月第 1 版
印　　次：2020 年 7 月第 1 次印刷
开　　本：880 毫米 × 1230 毫米　1/32
印　　张：7.125
字　　数：100 千字
书　　号：ISBN 978-7-5207-1485-3
定　　价：48.00 元
发行电话：（010）85924663　85924644　85924641

　　"知道中国"是陕西广播电视台新闻综合频道制作的一档电视节目，采用演讲公开课形式，邀请来自清华大学、中国人民大学、复旦大学、西北大学、陕西师范大学等高校和研究机构的十三位文史领域顶尖专家学者，选取中国文化资源中影响、辐射中华文明发展历程的核心题目。如清华大学教授彭林从周礼的内涵剖析中国传统礼文化对人类文明的贡献；中国人民大学教授孟宪实讲述唐史贞观之治的社会治理结构；西北大学教授段清波还原秦始皇的大国理想等。以周秦汉唐人文历史的演变为切入点，讲述影响中国几千年的文化、习俗的形成与发展，探究中华文明青年时代的成长密码，文史名家公开解剖生动的历史切片，感知文化的温度，展望未来的格局。

　　秦始皇，中国历史上第一个自称"皇帝"的封建君王，奠定了中国两千多年的政治制度基本格局。然而，千百年来，后世人眼中这位"始皇帝"为何却被定义为是一位残暴无道的君王？一座震撼世人的秦始皇帝陵园，一位千古一帝，用他两千多年前深埋于地下的一切，究竟想要告诉人们什么？

中华文明之河，气势磅薄，早在三千年前，面对历史的歧途，时代就做出了非凡的抉择，由此生生不息，奔向胜利的坦途。往圣先贤在政权的兴替之时，是如何深思，如何决断，从而实现了中国历史的伟大转折？

一座中国古代规模最为宏伟壮观的都城，也是当时世界上规模最大的城市，鼎盛时期人口超过 100 万，她的设计中有着怎的思想和理念，又有什么样的创举和格局，让她成为中国古代都城建设的典范，在当时也影响了临近国家的都城建设？

石峁，一座孤寂的石头城，在蒙陕近邻处的黄河西岸沉寂了 4000 年。近年来一系列偶然的发现，让这座"迷城"重新出现在世人的面前，这处史前文化遗产的处女地究竟是如何被考古工作者叩响的呢？

……

十三个学术权威解密 5000 年文明发展过程中，骄傲中国的"梗"在哪里？用好玩的趣味，告诉我们中华文化在青年时代的各种"玩法"。

知道中国，让世界了解中国。

目 录

1

目 录

陕西是中华文明的发祥地，在这块土地上，有厚重的中华文明积存，比如蓝田人、大理人、半坡人。甚至有人说，陕西文化资源丰富，在陕西地上随便一挖，下面有可能就是文物。

有一句话是这么说的："黄帝陵是中华文明的精神标志。"怎么理解这句话呢？有三种说法：第一种说法，黄帝是中华民族的共祖；第二种说法，黄帝是中华文明的人文初祖，中华文明的始祖、祖先是黄帝；第三种说法，黄帝是华夏旗帜，是能把中华儿女团结在一起的精神纽带。

我们在特定时间会祭祖，那么个人祭祖和祭黄帝有什么关系？其实从我们祭自己的祖先，发展到祭拜整个中华民族的祖先——黄帝，是一个漫长的历史过程。祭祖作为中华民族共有精神家园里面的重要内容，和西方相比，更具有人文的、理性的信念。

西北大学　张茂泽

※ 作者简介：张茂泽，西北大学中国思想文化研究所教授，博士生导师，国家教材委员会专家。

　　黄帝是中华文明的精神标志，他是真实存在的还是一个神话人物？有传说是黄帝发明了车、船、鼎，鼎筑好后黄帝就飞升上天了。天上有一条龙飞过来，它的龙须很长，垂到鼎上来了。龙和黄帝说，你对中华文明做出了重大贡献，现在上天要把你接走。黄帝就上了龙背，周围人一看，也想跟着爬上去，这时龙身体抖了一下，把其他人都抖下来了，只带着黄帝上天了。这听起来像是个神话，但具有双重性，有一定的客观事实基础，也有一种感情和寄托在里面。

　　关于黄帝的记载最早在《国语》，说炎帝、黄帝是兄弟俩，但是一个姓姜，一个姓姬。后来司马迁根据这个材料，再加上自己调查的材料，合起来写了《史记》的开篇"黄帝本纪"："黄帝者，少典之子，姓公孙，名曰轩辕。"写他娶了嫘祖，生了25个儿子，其中有14个儿子得了姓氏。这个姓氏和现在的不一样，古人要是有一个部族，姓氏就能传下来，如果没有，就传不下来。司马迁是第一个把黄帝作为客观存在的人记录下来，将黄帝作为中华文明的开端，体现了司马迁本人对历史的见识。但是司马迁为什么敢把黄帝作为历史事实来写？西汉时说的五帝和司马迁写的五帝完全不同。司马迁所说的五帝是黄帝、颛顼、帝喾、尧、舜这五帝；西汉说的五帝，是东西南北中这五帝。中是土，就是黄帝。东是木，是青色，是青帝。南方是赤帝，西方是白帝，北方是黑帝。司马迁说《尚书》里面没有讲黄帝，只讲尧、舜、禹。孔子、孟子、荀子也都不讲黄帝，庄子、管子虽谈黄帝，但可信度不高。司马迁亲自去调查，因为黄帝是在涿鹿和蚩尤打仗，史称涿鹿之战，所以他到涿鹿这个地方考察，东边到海边，南边到江淮，司马迁访问各个地方的人，他发现每个地方的风俗习惯不一样，方言也不一样，但是他们都说自己是黄帝的后代，再比对文献，能对上的部分很多。而且黄帝作为共同祖先，适应了汉代大一统多民族国家的需要。所以经过多方考察，司马迁认为黄帝不是虚构的，他才敢把黄帝正式写下来。

黄帝还是中华文明的人文初祖，这也是从司马迁开始这样描述的。考古发掘出的蓝田人，距今100多万年；大理人，距今20多万年；然后是新石器时代的半坡人，距今六七千年；再以后就是黄帝，距今五千多年。历史的起点意味着历史的终点，起点在哪里，终点往往相近，有一种神秘的响应。辩证法中螺旋式的发展，就有这个意思。所以司马迁选择黄帝为中华文明的人文初祖，也是一个重大论断。根据他的描述，在黄帝时期，发明了许多事物和很多东西，比如农业、指南车、衣服、水井等。还有在制度方面，黄帝时期开始设官治民，设立官职，春官、夏官、冬官、秋官，用不同的云来命名，春官叫青云，夏官叫缙云，秋官叫白云，冬官是黑云。设左右大监两个人来统领。然后对不同的行业进行分工，分享财富。另外黄帝发明的内容，还有文化、音乐、美术、舞蹈、干支等。这些内容严格从考古来说，不止是黄帝时代发明的，是上千年文明的汇合创造，但黄帝作为人文初祖，也是不可否认的。

　　仰韶文化的遗址非常多，在甘肃、陕西等地都有所分布，陕西关中地区遗址最多。仰韶文化中后期时间和黄帝时期相近，距今五千年左右。有专家统计，和黄帝相接的时代，大部分分布在关中地区。遗址里出现了农业、制陶、纺织、冶铜，和文献传说很相近。西安高陵区的杨官寨遗址，距今五千年到四千年之间。杨官寨遗址有两个发现比较特殊：一个是住房，前面是住房，后面是窑洞，是中国最早的窑洞；第二个是环壕，相当于西安的护城河，有点像城墙，沟里有水，防止野兽、敌人来进攻。这个环壕有多长？1945米，围的面积20多万平方米，40个标准足球场那么大，是当时最大的一个聚落。有学者就说杨官寨就是黄帝的都城。也有其他论证，从地理上来说，西安半坡和杨官寨接近。古人需要不断迁徙，因为耕作技术水平比较低，一两年后，土地就不行了，得换个地方，迁徙路一般是沿河两岸走，这样用水也方便。杨官寨还有个地理特点，它是泾河、渭河交集的地方，杨官寨南边和北边遗址明显有区别，很可能一部分是泾河来的，一部分是渭河来的，在一块儿打起来，最后融合了。后人猜测，黄帝的传说就是在杨官寨发生的。所以在关中地区祭祀黄帝陵，是有相当的历史基础的。

在黄帝陵祭祀黄帝，有着久远的传统。第一次祭祀是黄帝去世以后，五千年前有个大臣叫左策，把一段木头雕刻成黄帝像，率群臣、诸侯来朝拜他。第二次是四千年前舜的时候，祭祀黄帝成为制度。三千年前，第一个祭祀黄帝的天子是周天子，周穆王在昆仑山用马、牛、羊来祭祀黄帝。最早祭祀黄帝的诸侯是秦灵公，是在周威烈王四年，距今2400多年。第一个在黄帝陵祭祀黄帝的皇帝，是汉武帝，距今两千年左右。汉武帝公祭黄陵，标志着黄帝崇拜的成熟，黄帝祭祀礼仪走向定型。

据说黄帝冢是黄帝升天的地方。冢就是坟，古人叫不土不封，就是没有坟包，也不种树，是平地，那为什么还有个黄帝冢？可能是后人弄的。司马迁在《史记》里面反复说黄帝崩于乔山，汉武帝在乔山祭黄帝冢，所以黄帝陵最开始没有陵，只有一个冢，也没有庙，是汉武帝祭祀，才形成了祭祀黄帝的传统。唐代在黄帝陵建了陵、庙。

后人祭黄帝，曾经发生过争议，有人说应该在河

黄帝冢

南祭黄帝，因为黄帝出生在河南；也有人说，我们拜庙不拜陵，不应该在黄陵祭，应该在黄帝庙祭。目前争议颇多，但是汉武帝在陕西祭祀黄帝是不容更改的历史。其实我们作为炎黄子孙，在哪里祭祀都是可以的。对黄帝的祭祀除了官方祭祀之外，还有民间祭祀。七步成诗的曹植曾写黄帝赞；范仲淹在陕北做官时经过黄帝陵，也赋诗说："红日竿头进，青云足下藏。轩辕龙驭古，百代景象裳。"

我们的祭祀与西方相比，更人文、理性。古人在祭祀的时候是有原则的，是在众多的祖先里面，选一些突出的祖先来祭祀，哪些可以列为祭祀的对象，在《礼记·祭法》里面有明确规定：只有法施于民、以死勤事、能御大菑（灾）才能被祭祀。法施于民就是将制度真正落实到老百姓身上，以死勤事相当于因公殉职，能御大菑是抵御大灾害，为国家做出突出贡献。

尧、舜、禹、黄帝都属于这样的祭祀对象，在人类文明发展史上做出了杰出贡献的祖先，才能被祭祀。我们个人祭祀时，可能考虑的只有血缘关系，但是在历史上儒家祭祀原则，已经突破了宗法血缘的限制，体现对为中华文明的发展做出杰出贡献的祖先的一种缅怀、感恩。这种缅怀感恩，古人已经细化成三个层次，值得铭记和学习。

　　第一个层次是不忘本。本是祖先以及祖先留下的优秀文化传统，我们不要忘了，这叫不忘本。祖先以及他的优秀文化传统留下来，对我们来说是恩德，因为我们得到好处了。不忘本，就是饮水思源，感念前贤的恩德，缅怀他们光辉的业绩，认识和牢记我们的优秀文化传统，增强民族自信、文化自信。第二个层次是推本，先祖的优秀文化传统传下来，我们还要推广到其他人身上去，造福他人，这叫推本，或叫推恩。也要见贤思齐，周围谁表现好，我们就向他学习。第三个层次是报本，古人讲礼尚往来，来而不往非礼也，如果我们对祖先一点表示都没有，这就叫来而不往，是不符合礼节的，所以我们要报本。报本，也是学习发扬前贤的优良品德，弘扬民族精神，推动中华文明的新创造、新进步，实现中华民族伟大复兴。

黄帝像

除了黄帝以及创造我们优秀文化传统的先贤，中华文化五千多年持续不断，是因为人才辈出，一代一代接过接力棒。靠各位活生生的生产劳动者，把优秀文化传承下来，继续让它发热发光，让外国人知道中国人是有文化的人。

　　建设文化精神家园的意义。孙中山说："中华开国五千年，神州轩辕自古传，创造指南车，平定蚩尤乱，世界文明惟有我先。"他对美国、欧洲、英国很熟悉，但他却回来讲黄帝，为什么？因为有人想全盘西化，说西方、欧美什么都比我们好，弄得中国人没有自信。孙中山就把黄帝拿出来说，同盟会机关报《民报》的第一期，首版就是讲黄帝。黄帝作为中华文明的精神标志，在辛亥革命中起了重大作用，有精神家园的意义。这个精神家园的意义还要说一下，我们国内对黄帝体会不是那么深切，海外华人体会

孙中山题词

更为深切，为什么？海外华人在精神家园这一点上，和我们的体会不一样，他们周围的人都在信上帝、安拉等，很难找到共同语言。他们想祭祖没地方去，因为一出去多少年，回到老家根本找不到过去的祠堂、祖坟，所以他们到黄帝陵去寻根问祖。海外华人祭黄帝的时候，经常痛哭流涕，因为这是他们的精神家园。祭黄帝陵，有建设中华民族共有精神家园的意义，我们的精神家园更是文化精神家园，不是神道的。

司马迁在《黄帝本纪》里说，黄帝修德振兵。他振兵我们都知道，把炎帝、蚩尤打败了。可他修的什么德呢？他的德和他的业，《周易》记载："富有之谓大业，日新之谓盛德。"富有是大业，不断地变化是盛德，德业要双修，就是一方面我们道德学问要提高，另一方面事业也要成功，黄帝的德业是什么？是站在中华大地上，创造文明，造福民众，而且福佑子孙后代，让中华文明持续不断发展。那他的德有哪些？我们不要把古人讲的德，都理解为今天讲的伦理道德，古人的德，是和生产、生活、科学、技术联系在一起的，是一种综合的修养。黄帝的德就是：其一，改进民生，造福民众，发展生产。他发明好多农业工具、生活用具、干支、历法等这种科技农学的东西。其二，展开军事行动，并不是称王称霸，而是除暴安良，当时天下大乱，互相打来打去，所以黄帝修德振兵，救民于水火，保卫和平，维护公平。其三，他足迹遍中原，从陕西到河南、河北，建立统一国家，创建国家制度、士官管理，维护社会稳定，发明创作文字、音乐、美术、舞蹈等，奠定了中华文明的基础。可以说黄帝时期是中国、中华文明开始的时期。黄帝本人一生未尝宁居，没有安宁地居住过，都在勤政爱民，成为后来治国者的榜样。黄帝最大的德就是造福民众，福佑子孙后代，让中华文明成为人类众多文明中一朵璀璨的花朵。

黄帝是中华民族、中华文明的一个重要代表符号，黄帝陵更是中华文明的精神标志。我们今天建设黄帝陵，把祭祀黄帝的仪式搞好，可以加强炎黄子孙的同胞情谊。大家有着同一个祖先，都是兄弟，都是一家人。黄帝这一面旗帜，我们要高高举起来，让它始终成为凝聚、团结炎黄子孙的一面光辉的旗帜。

今天我与大家分享 21 世纪以来最重要的一项史前考古发现。这个发现先后获得了"世界重大田野考古发现""中国考古新发现"以及"全国十大考古新发现"等重要荣誉。

首先我想问大家一个问题，大家看过侦探小说吗？水平卓越的侦探，通过细致调查，破解谜案，特别引人入胜。那么考古和刑侦有什么关系？今天我通过介绍一个考古发现，讲讲考古学家通过蛛丝马迹破获考古档案的过程，来回答这个问题。

1975 年的冬天，陕西省考古研究所研究员戴应新先生来到了榆林市神木县高家堡镇，他听说那里发现了很多玉器，他以高价收购玉器。十里八乡的老乡都聚集到了高家堡镇。戴先生以十倍的价钱收购玉器，老乡送来很多东西。戴先生后来回忆，他说他很遗憾，当时只捡选了 127 件比较精美的带回来了。这批玉器里特别引人注目的就是牙璋，牙璋被认作是中国早期

※ 作者简介：孙周勇，陕西省考古研究院院长，博士、研究员。

陕西省考古研究院 孙周勇

牙璋

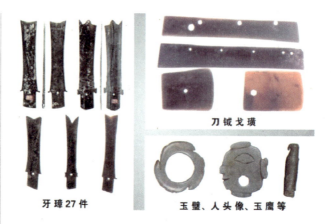

刀钺戈璜

牙璋27件

玉璧、人头像、玉鹰等

国家政权物质化的象征。它的分布沿着整个东亚地区，包括二里头、齐家文化。在20世纪80年代中期四川的三星堆遗址发掘之前，这批牙璋是中国发现数量最多的玉器。

正是这批牙璋的出现，引起了人们对石峁玉器年代热烈的讨论。这批玉器是什么年代，它背后是怎么样的社会集团，有非常多不同的意见，有人说是商代的，有人说是西周的。石峁遗址位于陕西省榆林市神木县，在陕西的北端，从地理单元来说，在黄土高原的北端，在毛乌素沙漠的南缘。从地理区划来说，处于明长城的内侧。从这个传统的地理学意义上来讲，它处于一个非常敏感的区域，自古以来是一个兵家必争之地，是传统农业文明和游牧文明过渡的区域。遗址所在的具体位置，是在黄河的一级支流叫窟野河和它旁边一条小河夹击的一个三角形的苔原之上。如果各位去过陕西北部，特别是榆林地区，当踏上这个区域的时候，你会觉得满目疮痍，特别是20多年前，整个是黄沙遍野。石峁所在的区域可以说沟壑纵横，支离破碎，谁也无法想象地貌这么破碎的一个区域，在4000多年前存在一个文明极致的国度、极致的国家政权。戴先生征集的这批玉器资料发表以后，学术界做了一些探讨，还引起了海内外的一些收藏家，特别是海内外的文博机构和科研机构收藏玉器的反思和追溯。

这里我要提到一个人，一个德国人，1929年就职于科隆远东艺术博物馆。20世纪20年代末期到30年代初期他在北京，他在书中记述了1929年的隆冬，在北京郊外见到了从榆林府来的四个农民，这四个农民带来一批玉器。他当时非常犹豫，非常纠结，要不要亲自去北京郊外见这四位农民，因为当时的国民政府已经沿路设卡盘查，严厉打击文物走私。而他又耐不住好奇心。于是他决定租用一辆摩托车去见见这几个农民，最后他征集到了大概42件玉器，其中最大的一件牙璋现在还珍藏于科隆的远东艺术博物馆。20世纪70年代戴先生资料公布后，人们将这两件事联系起来，陕西榆林农民带来的神物，很可能是石峁遗址出土的。在此之后我们发现在英国的大英博物馆，日本的白鹤美术馆，以及明尼阿波利斯博物馆等很多机构的收藏都可以追溯到石峁的玉器。但是直到20世纪80年代中后期，世人关于石峁遗址的所知还特别少。2011年，考古工作启动以后，我们再去追溯以前的资料时，发现在神木县的档案馆藏有一份资料。1958年陕西省第一次文物普查的时候，一个队员详细地记述了他们发现了一个三套城。在60年以后，我们的认识和1958年第一批的文物工作者有着惊人的相似。

而在这五六十年间，学者们关于石峁遗址的所知是瞎子摸象，只是摸到了一个局部，根本不知道规模到底有多大。有人详细地记述了这个三套城的规模，也提出了农业社区保护。但是很遗憾，当时正值"大跃进"期间，文物保护的建议也没有得到当地政府的重视。到21世纪的第一个十年，由于榆林地区经济的快速增长，涌现了一批私人收藏家。神木县文博干部向省文物局报告，说是在神木一带，近些年发现了很多专门收藏石峁遗址出土玉器的个人藏家。我们在私人藏家那里看到了非常精美、数量非常庞大的玉器，包括早期的铜器铜环，还有一些彩绘的陶器。这批出土的东西，考古学家从专业

皇城台地图

的角度去观摩它的时候，敏锐地感觉到，这是一个需要我们特别重视的、应该重新回到考古学者眼中的遗址。这个遗址的规模远远超出我们的想象，但它究竟有多大？在真正的考古学工作之前，还很难去确切地知道它。从 2011 年开始，陕西省考古研究院和榆林市文博单位组成了一支队伍，对这个遗址进行了详细的勘察。

考古学就像破案一样，我们的工作其实很简单，原理也很简单，但是需要栉风沐雨，披星戴月，去踏遍每一寸土地，才能得到翔实的证据。经过这样的过程，在这个石峁村 10 平方公里的范围内，考古队员踏遍了每一寸土地。最后的调查结果显示这是一个三套城，它的核心区叫皇城台。这个皇城台的得名也比较有意思，老乡也不知道这个皇城台名字的由来，祖祖辈辈都这么叫。后来我们发现，老乡所讲的这个皇城台恰恰就是石峁遗址，王的宫城就是最核心的区域。第二套城叫内城，内城区就是以皇城台为中心，以石墙为周界把它包裹起来。第三套城是把内城包括起来的，它是一个三重结构的城墙城池。经过我们的初步推算，这个城面积在 400 万平方米以上，现在看起来不大，但在 4000 年前，在整个东亚地区乃至世界范围内来讲，它是整个东亚地区规模最大的城池。

皇城台，我们认为它是中国的金字塔，它在石峁遗址 16 个支离破碎的地貌单元里，是一个相对比较平缓的区域。无论你从何种角度去看，始终能够看见皇城台。皇城台作为遗址的核心区，作为高级贵族和王

呈台阶状分布的
皇城台

的居住区，古人充分考虑了它的安全性和凝聚力。台顶面积是8万平方米，在台顶以下我们远远看过去，气势非常巍峨、壮观。台顶比较平整，周边能够看见台阶状的分布。

简单来形容皇城台，它顶小底大，周边鳞次栉比，一节一节错落有致的石墙把皇城台的台顶包裹了一圈，可以说是固若金汤，雄壮伟岸！顶部有大型的夯土建筑，可能是大型的宫殿，旁边还有一个数百平方米的池院，相当于蓄水类的设施。附近我们发现了鳄鱼的骨头，所以有的学者开玩笑说，这个池院是不是养鳄鱼的？大家都很奇怪为什么鳄鱼会出现在中国的北方，而且中国早期的鳄鱼普遍被鉴定为扬子鳄，是在长江流域生存的物种。它怎么突然会跑到北方地

皇城台内部建设

区？实际上这个也不奇怪。4000多年前只有在大型的遗址和贵族的宫殿或者墓葬里，我们才能发现鳄鱼，这些鳄鱼是从长距离贸易得来或者贡赋而来，代表了身份和等级。

皇城台三面临沟，一面通向内部，构成了自然的天险。它还有一条保存完好的黄龙大道，我们对其内部区域进行发掘，发现设计是非常精巧的。城门前有一个两千多平方米的广场，广场后面是瓮城。尽管有一个广场，却是一个半封闭的状态，只有门前是开放式的，进入城门后，广场逐渐缩小，走到皇城台的时候越来越狭窄，保证了皇城台的私密性。

在皇城台一处倒塌堆积物里，我们发现了一百多件薄骨。薄骨是什么？一般是羊或者牛的肩胛骨。薄骨上有很多烧灼的黑色小方块，烧薄骨是一种通过烧出的裂痕来占卜的宗教仪式活动。还有石峁的玉器，传说石峁的石头里有玉器，这也是考古工作者思考的问题，为什么石头里会有玉器？玉器现在仍然是奢侈品，如果把玉器作为建筑材料，放到石头缝里过于奢靡。后来经过科学的发掘，在倒塌的堆积物里发现了20多件玉器，印证了传说并非空穴来风。其中还发现了13件五六十厘米高的陶鹰。它的喙部用朱砂涂得非常精细，据我们推测，这些陶鹰可能是放在皇城

石峁出土的陶鹰

石范

台的边上，营造出皇城台的威仪感和仪式感。

　　皇城台内还发现一类遗存，这几块石头看起来破碎不堪，却是解决中国冶金史问题的重要证据。我们发现了石头做的石坊，生产一种柄部带环的铜刀。商周的铜器非常精美，学界历来认为中国的青铜冶造业是从西方传过来的，石峁遗址的发现丰富了其传播路线。过去我们认为铜器是直接传到了中原腹地，这次发现证实了其实是经过中国的北端，沿着黄河南下再进入中原腹地。皇城台内还发现了大量陶瓦，现在看来是很普通的建筑材料，但是在中国古代，特别是史前时期，陶瓦产量不多，只有贵族才可以使用陶瓦。石峁遗址的陶瓦是目前国内发现最早、数量最多的一批陶瓦。

刚才说的是皇城台内部的发现，现在看看皇城台的外部。内外城是以2.5米宽、4至5米高、总长度10千米的石墙为中介，将遗址层层包裹起来。显然不是短时期能建起的工程，也不是石峁遗址内部居民能完成的工程，它是调动周边群体，耗费数百年才建起的城池。

石峁最先引起学界重视的时候，考古发掘最先揭

东城门遗址

露出来的城墙是外城的东门，有人甚至欲称其为华夏第一门，表明了这是一处规模宏大的城池。当考古工作者第一次走进这个城池的时候，是一种瞎子摸象似的探究，我们最先考察城墙的角落。它的建筑技术非常先进，墙打磨得很整洁。地层学的证据证明了东门是公元前2200年左右修建的，大体结构是周边两道城墙，最中心的是两个用石头包裹起来的大夯土台子。从城外进来要走一个S形的通道，南北是两个非常坚固的台子，后面有一个折进去的空间，类似于瓮城，延缓了敌人进入城门的时间。两边有两个门房，也是防卫设施。

还有一类设施——马面。马面就是西安城墙上的东西，这是中国冷兵器时代城墙上的一种必备设施，墙凸出去变为成组分布的登台，石峁的城墙上也发现

马面

了几组。马面一般认为是汉魏时期在洛阳城里发现的，所以石峁发现的这批成组分布的马面，可以确认为中国最早的马面。

石峁遗址内还有一类现象——杀戮祭祀。在东门的修建过程中，大量的人头被砍掉。我们最先发现的 K1 和 K2 两座坑特别有意思，这两座坑恰恰都埋藏了 24 颗人头。24 在中国是一个非常有讲究的数字，让我们产生了很多的联想。经过人类学者的鉴定，这批人都是年轻的女性，头颅被锐器活生生砍下来，头部的枕骨部位有一部分被烧过。将这批人与石峁的 DNA 进行比对，发现她们的 DNA 结构不同于石峁人，这批人是来自石峁遗址的西北方——夏家店，很可能是石峁人潜在的敌人，也是防御的对象。

石峁的壁画也引起了我们很大的兴趣。从观者的

石峁壁画

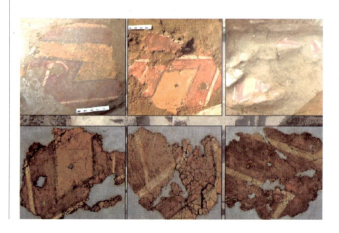

角度来说，一进城门有一面墙，装饰得富丽堂皇。墙上的壁画都是几何纹的图案，颜色有褐色、红色、白色、青色。这批壁画是中国美术史上的重大发现，体量非常庞大，目前有300多片，修复完后大概有几平方米。用的颜料原料都是矿物原料，还有用软笔打底稿的现象，是中国艺术创造技法的先例。

石峁遗址发掘以来，很多学者对它的性质进行了探讨。这样一个在中国的版图上消失了4000多年的城池，是一个什么样的遗址？代表了一个什么样的集团？有一位学者最先提出来说，石峁遗址可能是我们寻觅已久的黄帝部族的都邑。从地理位置上来讲，它也符合黄帝部族在陕北高原活动的文献记载。从考古学者的角度来看，石峁究竟是一座什么样的城池？史前时期的很多历史人物并非空穴来风，太史公记载的三皇五帝，在考古学上或多或少都找到了其部落集团活动的影子。石峁遗址分布在黄河的西岸，山西中西部偏北的区域。目前学术界有三种说法：黄帝说、夏先祖说和大禹说，但还没有充分证据证明究竟是哪位传说人物。石峁具备了青铜器、城市、大型的宫殿，除了文字，早期国家所要具备的一切因素都有了。我们现在只能断定，石峁遗址是距今4000年前后在华夏版图上活跃的一支非常重要的政治力量的遗迹，在形态上已经具备了早期王国的必备条件。

石峁遗址很珍贵，我们也面临着非常大的保护压力，因为在国内，我们从来没有发现过这么大规模的古人遗存。该怎么去保护它？在陕北气候恶劣且变化无常的情况下，如何让它得到妥善保护，是考古工作者一直思考的问题。我们进行了微观的化学保护，也进行了最简单的墙体加固和修复。从1958年到1976年，戴应新先生第一次踏上石峁遗址，征集到举世瞩目的那127件玉器。到1981年，西安半坡博物馆对石峁遗址进行第一次正式的考古发掘。但现在石峁遗址还没能为世人所知，一个很重要的原因是区域生活条件非常艰苦。2010年，我们去现场的时候，当地人住的仍然是窑洞，没有水，没有电，手机没有信号。手机只能挂在树上，下雨以后，老乡回去赶紧收衣服，我们赶紧爬出去收手机。考古条件非常艰苦，所以石峁到21世纪的第一个十年，才走到了世人的面前。为此我们很遗憾，因为它没有更早地为世人所知，没有更早地得到保护。我们又感到非常幸运，在我们国家实力越来越强的年代，在文物保护手段越来越先进的年代，考古工作者可以去发掘它，研究它，保护它，展示它。随着石峁遗址各项保护和建设规划及时跟进，《石峁遗址保护条例》正式颁布，管理机构日趋完善以及考古发掘工作不断深入，毫无疑问神木石峁将会成为从历史斑驳的缝隙间见识中华民族散落记忆的圣地。

石峁这座孤寂的石头城，已经前行了4000年。如今考古学家的脚步终于叩响了这片史前文化的圣地。经过持续七年的考古工作，对石峁遗址的年代、聚落结构、性质以及兴废的过程有了初步的了解。然而面对如此庞大的一个遗址，传统的考古手段显然已经不能满足需要，我们仍然处在一个瞎子摸象的阶段。虽然关于石峁遗址的认识，随着考古工作的不断开展，古动植物DNA环境等都取得了很大的进展，但是石峁内部具体结构、修建顺序、道路设施以及皇城台顶的大型工事建筑的分布情况，等等，仍然处于求证发现的阶段，我们目前只揭开了冰山一角，仍需要不断探索。

中华文明源远流长五千年，夏商周是中华文明的源头，是我们许许多多制度的源头，是最重要的朝代。夏朝建国四百多年，商朝建国六百多年，这一千多年过去后，陕西登场了。源于陕西的周朝替代商朝和商朝替代夏朝，意义大为不同。我个人认为，"知道中国要从知道陕西开始"。

王国维先生在他的代表作《殷周制度论》中曾说过一句名言："中国正式与文化之变革，莫剧于殷、周之际。"中国政治与文化之变革一直在变，在殷周之际产生了历史上最激烈的飞跃之一。在殷周之际发生了一些什么事情？为什么在这个时期会出现转折？

殷商这个朝代最大的特点，是迷信鬼神。《礼记·表记》给它下了一个定义是："殷人尊神，率民以事神，先鬼而后礼。"殷人尊神，政府带着老百姓礼拜鬼神，凡事以鬼神为先，再讲究礼法。甲骨文都是占

※ 作者简介：彭林，清华大学人文学院历史系（思想文化研究所）教授、博士生导师，国际儒学联合会理事，中国社会科学院古代文明研究中心客座研究员，26 国学网礼乐高级顾问。

清华大学　彭林

卜的记录，足以证明殷商对鬼神的崇拜，无论什么事情，都要先占卜。根据甲骨文记载，祭祀鬼神一次用一百头牛，甚至有用几百头牛的。

祭祀后殷人心安理得，我这么尊敬鬼神，这么隆重祭祀，鬼神一定会保佑我。所以殷商发展到后来，腐败就越发严重，毫无顾忌。商朝共有31个王，后期每一个王都骄奢淫逸，纵情享乐，成了短命的君王。

生前无道，死后更是奢靡。妇好墓是商朝墓葬的一个重要代表，商朝有一个在位时间非常长的王叫武丁，他有好几个妃子，其中一个妃子叫妇好。妇好墓里随葬的青铜器近500件，另外还有精美的象牙器玉器等，一个墓葬几乎就是一个小型博物馆。

妇好墓文物

统治着国家的贵族走向腐败，荒淫无道，最有名的就是商纣王。他好酒淫乐，以酒为池，悬肉为林，酒池肉林就是从他这里来的。老百姓有怨言，他就发明了一些非常残酷的刑法，如炮烙之刑，来恐吓老百姓。

同一时期在陕西出现了周文王，顺应民意，想把商推翻。可是商太强大，周文王就先试探一下。在殷商中心地区的边缘，有一个叫黎的国家，周文王首先把这个国家灭了，看看商的反应。商朝有一个贵族叫祖乙，一看周文王把黎国灭了，赶紧来报告商纣王，说你一天到晚地腐败，老百姓早就不满了，甚至说老天为什么不把灾难赶紧降下来，把商纣王灭掉。周文王已经把黎国给灭了，你还不警觉。商纣王听了之后，说了一句很经典的话，他说我生不由命，在天。我这个命是天给的，任何人奈何我不得。再腐败，再残暴，也没有人奈何得了我。之后照样腐败，根本没有把祖乙的话听进去。

商朝后期，统治者"不问苍生问鬼神"，迷信天命，统治残暴。周人在岐山一带悄然崛起，顺民意伐商立周，并在治国实践中，制礼作乐，注重道德统治。使中国从殷商的鬼神崇拜走向人道，没有重复夏商那种以暴易暴的套路，从而实现了伟大的转折。

周人是如何崛起的？"以德治国"在当时取得了怎样的实际效果？"德治"又为何能成为两千多年中国历代王朝统治者的最高治国理念？

说到这里，我们必须回过来讲一下周人的历史。周人的先祖叫稷，他钻研农业，经验非常丰富，尧听说这个年轻人很厉害，就聘请他做农司，来管全国的农业。那个时候天下好多地方有饥荒，稷把这些问题都解决了，为全国的老百姓的生计问题做了贡献。

稷的家族发展到了公刘，在陕西这个地方开疆拓土，发展农业。后代有个人叫古公亶父，他经营的周部落非常富有，周边的游牧民族来袭击。古公亶父觉得如果打起来受损失的是老百姓，算了，这土地你要你拿走。他率领他的亲属迁徙，迁到哪里？迁到岐山。老百姓一看古公亶父走了，都跟着他来到岐山，建立了自己的政权，叫作周。陕西人自古以来厚道勤劳，也是周仁爱的传统代代流传的缘故。

古公亶父有一个孙子叫姬昌，也就是后来的周文王。他接管了部落之后，继续发扬仁爱厚道的传统，天下的人纷纷前来归顺。商纣王听说在陕西有个姬昌影响非常大，老百姓都归顺他。商纣王很害怕，把姬昌抓起来关在羑里。周人一看自己的领袖被抓走，可不得了，就把美女珍宝送到殷商，贿赂商纣王。商纣王是个昏君，收了东西后很高兴，把姬昌放了，还任命其为一方诸侯。姬昌进一步提出来，这个炮烙之刑，老百姓很害怕，我愿意拿一块地给你，跟你交换，你把这刑罚废了。姬昌敢为老百姓说话，实际上那个时候他已经是三分天下有其二，人心都跑到姬昌这一边去了。

当时有四十多个诸侯来归附西伯侯——姬昌，那一年是姬昌在位的第五十年，周人都认为姬昌虽然还没有把纣王推翻，但已经得到天命。所以周人的历史不是从武王开始的，而是从文王开始。文王去世后，武王继承文王的遗志，开始伐纣。

武王克商以后，他和周公、召公、太公等政治家就开始思考，该怎么治国？他们认为夏、商的灭亡，完全是由于他们缺德，得不到人民的支持，所以被推翻了。那么我们一定要用道德去治国，才能长治久安。周公制定了一套礼乐制度，要求全国从上到下，都要讲道德。这个思想是很了不得的，摆脱了原来夏商依靠鬼神的思想。《诗经·大雅·文王》中记录了在祭祀文王的过程中，周人喊出一句话：自求多福。在两三千年前，周人就知道你的福报有多大，不是鬼神给你，是你自己的所作所为带来的。中国在这个时候，已经从迷信鬼神的时代，走向了以人为本的时代，或者叫以民为本的时代，叫民本主义时代。

统治国家离不开道德，中国的民本主义思想是全世界最早的。这个转折在西周的时候就开始了。

中国最古老的文献《尚书》，其中讲道德，就像一个主旋律在里面反反复复出现。这是一个真正意义上的革命，从此以后两千多年，历代的帝王，历代的知识分子，都不能回避，德治是中国人所认为的最高治国理念。

周公在中国历史上享有无与伦比的崇高历史地位，这与他开创和制定的影响千年的政治制度是分不开的。是怎样的政治思考让他甘心将王位拱手相让？又是怎样的社会现象让周公成为历史上最早的反腐败旗手？周公制礼作乐具体有哪些制度？这些制度又为何能传承千年、影响至今？

殷周时王位的传承是兄终弟及，哥哥死了给弟弟，弟弟死了再给弟弟，一直传到没有弟弟才传子。传子不是传给老大的，而是传给他自己的儿子。商王多妻。现在甲骨文研究显示武王有一百多个儿子，这些儿子从理论上讲都有继位的资格。这样一来，老的王死了，很容易引起王位纷争。之后，曾经出现九世之乱，造成了很大的动荡。武王死了以后，谁来继位？当时周公是最有资格的，因为在武王克商的过程中，他的功劳最大，又是贵族。周公是个伟大的人，这时候没有考虑个人私利。为了维持周的长治久安，杜绝出现大家抢王位的现象，周公提出了长子继位，也就是后来的嫡长子继承制，正妻生的第一个儿子为嫡长子，是法定的王位继承人。成王变成了法定继承人，但年龄很小不能理政，周公先代为摄政。七年后成王长大了，周公把政权交回成王。这在历史上是非常罕见的，周公的高风亮节感动了很多人，他提出来的东西自然也没人反对。《尚书》中有很多周公、召公讲话的记录，可以看到周公还总是不忘用文王的高风亮节来教育大家。

周公还是历史上最早的反腐败旗手。商朝灭亡的原因有很多，其中有一个就是商人酗酒成风，尤其是官员，一天到晚酗酒，致使朝政混乱。周公派官员到商朝的旧地去做领导的时候，他说要把老百姓的表情当作检验我们为政得失的一面镜子，大家想想这个话是何等的有觉悟。周公要求官员平时不能喝酒，只有祭祀的时候才能喝，还不许喝醉。如果发现有人在群饮，就要全部抓起来杀掉。《尚书》中有一篇是酒诰，这是中国历史上最早的戒酒令。

周公还在国内到处讲话，提倡人伦，认为最好的美德是孝和恭，号召全国人民都来做，如果有人不做大家都会来唾弃他。所以从周公开始，孝和恭成为道德规范，成为治国理念。所以至今中国跟西方是不同的，我们更讲伦理，讲辈分尊老，让人引以为豪！

在夏商的影响下，周人还是把天命天意看得很高，为了解决这个问题，周公很巧妙地把天意和民意融合，他说天视自我民视，天听自我民听。老天爷的眼睛在哪里？老天爷是通过老百姓的眼睛来看的。天的耳朵在哪里？天是通过老百姓的耳朵来听的。我们看到什么，天就看到什么；天听说了什么，老百姓就听说了什么。这样就把老百姓和天地位等同了，天意即顺应民意，这个思想也是不得了，我们这时候已经把民众摆到和天一样的位置。

周公制礼作乐是依靠什么制度？第一条，立嫡的制度。在王位的继承制度上，基本上都贯彻了周的制

陕西岐山周公庙

036

度。嫡长子继承制不一定是最好的办法，但也不是一个最坏的办法。它杜绝了争夺，继位者的智慧不够怎么办？周围有三公六卿二十七大夫八十院士智囊团来辅助继承者。可这么多孩子之间只有一个可以继承王位，对其他人岂不是太不公平了？没有关系，其他人分封到地方上当诸侯，来平衡他们的关系，战国后期郡县制才出台。南昌有一个海昏侯，那就是被分封到南昌去当地方诸侯，这个分封制减少了王室争夺，保证了社会安定。

第二条是庙数之制，中国传统文化是敬天法祖，这天不是老百姓能祭的，在商朝的时候祭祖，是先公先王。商王追溯历史，比自己早的都叫先王。商朝取得天下之前的那些人叫先公，先公先王加上他们的法定配偶，需要商王祭祀。王的数量非常多，用五种祭祀方法轮流地全部祭一遍，需要 365 天，也就是一年，所以商人把一年叫一祀。这种祭祀每天大量重复，许多国家资源都拿来祭祀，使得整个统治阶层没有精力去考虑民生。

周公很聪明，这个祭祀祖先还是要的，但是不要弄这么多，有好多人见都没见过，也没有感情。怎么办？周公规定天子七庙，第一个是始祖，任何时候不能忘掉，然后下面是周文王、周武王，这两个人太重要了，始终要祭。再顺下来王的高祖、曾祖、祖父、父亲这四个，加上前面三个天子共七个庙。诸侯祭祀祖先时不会祭祀文王、武王，除了始祖外要祭四代。大夫三庙、士一庙。在庙里面始祖是坐西朝东的。然后昭穆各一排，一排坐北朝南，还有一排是坐南朝北的。坐北朝南的，由于对着光，脸是亮的，所以叫昭；坐南朝北，人的脸上暗，所以叫穆。三昭三穆，周公确定了这个制度。祭祀的对象减少后，把祭祀的次数压下来，周人有更多的精力去管理国家。

第三个制度是男女同姓不婚。现在看来算不了什么，但在当时这了不得！结婚前首先要到对方家去提亲，先问对方姓什么，不能近亲繁殖，促进了优生优育。西方人到 16 世纪的时候，绝大部分人没有姓氏，因为农奴制社会互相只有小名。后来农奴制打破了，大家出去打工了，互相不能只喊小名，才开始有姓。我们英文不太好的人一听西方人的姓觉得好雅，其实霍夫曼是农夫，史密斯是铁匠，他们全是这样的姓。我们中国最晚到了汉朝，每个人都有一个姓，中国人特聪明。日本明治维新的时候，只有少数贵族有姓，后来他们学西方，要求所有的人有姓，那些没有姓的人怎么办？就叫松下、山中、渡边。这样一比较就可以知道，我们在周公制礼作乐的时候，整个社会就变得非常文明了。

最后要说的一点是，周公的思想奠定了中国两千年文明的底蕴。他的思想经过春秋战国的动乱依然是深入人心的。最值得提的就是孔子思想的来源是周公制礼，孔子要是有一段时间没有梦到周公，他就会感到不安。孔子把周公的德治的思想加以总结提升传播，对中国历史产生了非常深远的影响。

《论语》里面有很多讲孔子和学生讨论，将来你们到了社会上怎么去从政。学生子路问孔子该怎么从政。孔子是一个太厉害的人，他只说了四个字：先之劳之。怎么做领导，你要比你的下属先做，做得比他们辛苦，那还能领导不好吗？学生听了不过瘾，怎么才四个字，能不能再多说几个字。孔子又说了：无倦。不要只在媒体面前装样子，你要天天做，不知疲倦地先之劳之。这六个字，我们所有的干部都把它放在心里，社会就会上一个很高的档次，对不对？他主张我们的知识分子，读书人要做君子，君子对于社会就像是风，老百姓就像是草，风往哪边刮，草就往哪边倒。也就是君子之德风，小人之德草，草上之风必偃。

周公制礼作乐是被我们历代的政治家思想家所歌咏的。由于周公之礼卓越，我们从殷商鬼神的阴影里走出来。

孟子说道："得道者多助，失道者寡助。寡助之至，亲戚叛之，多助之至，天下顺之。"道德成了我们中国人世代相传的文化信念。

王国维赞扬周公制礼作乐，他说殷和周的兴还是亡，是看有德和无德的兴亡。无德亡，有德就兴。一个政权转化是旧制度废，新制度兴，是出于万世治安的大计。周公的心术和规模，哪里是后世的帝王将相所能想象的？

周公是中国历史上伟大的政治家。有一句话极好，他说："这个国家并非只是政治的枢机，而是道德之枢机。"一个国家的人民有道德还是没道德，是由政府决定的，政府的责任是要不断地提升社会民众的道德水准。制度典礼都是为了提升民众道德，最终的目标要天子、诸侯、卿大夫、士成为一个道德团体。王国维先生讲，这是周人为政的精髓。我觉得我们要实现中国梦，最根本的是所有追梦人都要有高尚的道德，要树立中华民族整体的道德形象，只有这样才能把所有的工作都做好，我们才能更好地自立于世界民族之林。

什么是儒学？一般人一提到儒学，首先想到孔孟之道，对吗？当然也没有错。在宋明理学占统治地位以后，我们一般讲到儒学发展史，都讲孔孟之道。但实际上很不全面，可以说是缺了前半段，儒学最原初的其实是周孔之道。

周孔之道，周是周公，孔当然是孔子了。周孔之道指的就是周公孔子之道，也叫周孔之教。第二个问题，儒学的渊源在哪里？大家一想到儒学都是在山东曲阜，所以现在到曲阜朝圣的人很多，甚至有人把山东曲阜称为儒家的圣城。实际上这个问题也值得商榷，在我看来儒学的直接源头，是西周礼乐文明，而西周礼乐文明的肇始地是陕西岐山周原，是西安西边的丰镐遗址。

《孟子·滕文公上》里提到了一个人，叫陈良。这个人大家可能没有听说过，但是另外一个人——屈原你们可能听说过。据郭沫若考证，陈良是屈原的老师，

中国人民大学　韩星

※ 作者简介：韩星，中国人民大学国学院教授，博士生导师。

也是楚国人，是战国时期楚国的一位大儒。他怎样成为大儒的呢？孟子说陈良听说北方（陕西、河南、山东地区）周公、仲尼之道很好，楚国当时被认为是南方的蛮夷，是比较落后的国家，于是他来到北方，学习华夏的先进礼乐文明，学习周公孔子之道。

司马迁虽然没有明确讲周孔之道，但他在著述史记时，对周公、孔子特别推崇。他认为周公是一位立德、立功、立言的圣王，所以在《史记·太史公自序》中，他写道："夫天下称颂周公，言其能论歌文、武之德，宣周、邵之风，达太王、王季之思虑，爰及公刘，以尊后稷也。"天下人都在称颂周公，为什么？因为周公在周文化的发展史上，他歌颂文王、武王的功德，能够通晓太王、王季的思虑，以至公刘的业绩，推崇始祖后稷等。所以司马迁把周公的地位起得很高。至于孔子，司马迁将孔子收在《史记·孔子世家》中，这个地位也很高。他还说，《诗》有之："高山仰止，景行行止，虽不能至，然心向往之。"说孔子像日月、高山一样，给我们开辟了文明大道，对孔子高度赞扬。所以司马迁的《史记》开始把周公和孔子紧密地联系在一起，对周孔之道贡献很大。

汉代的另一部经典《淮南子》也记载，周公怎么安顿西周复杂的政治局势，辅佐成王，制定礼乐。

受封鲁国后如何移风易俗，孔子吸收周公的教训，带领弟子穿起周代礼乐的衣服，研究留下来的这个典籍，所以儒学产生了。到了隋唐之际，出现了一位大儒——王通，他非常推崇周公、孔子，认为后代的帝王如果顺着周孔之道来做的话，一切都会很顺利。如果违背了周孔之道，那就有凶险了。王通对周孔之道的推崇，对儒学在隋唐之际传播起了重大的影响。他的几个师友——魏征、房玄龄等初唐几位重要的大臣，辅佐唐太宗形成了历史上我们非常推崇的贞观之治。

中唐佛教、道教的势力非常强盛，虽然统治者支持儒学，但是其他人对儒学研究得不多，也不太感兴趣，儒学处于一种相对比较衰微的境地。中唐时期的韩愈想复兴儒学，因为佛教强调传承体系，所以韩愈受到影响重新提出儒家的道统之说。这个道统是由尧传到舜，由舜再传到大禹，再传到商汤、文、武、周公，再传到孔孟。孟子以后儒家道统就断裂了，需要重新复兴。韩愈认为儒家讲道和德，实际上就是仁和义。韩愈注重建立儒家的道统，在思想学术上非常重视《孟子》《大学》《中庸》，所以由韩愈开始，周孔之道向孔孟之道转变。

韩愈以后，就是宋明理学了。宋明理学的道统意识也很强，无论是程朱理学，还是陆王心学，都非常推崇孔孟之道，将宣传孔孟思想的四书提到和五经一样的地位。

明末清初之际，西方的传教士进入中国，他们主要接触的是宋明理学。现在这个儒学的英文翻译就是 Confucianism，所谓的孔子主义或者孔子的理论学说，这种翻译实际上是不全面的。翻译成 Chow-Confucianism，周孔之道，可能更为全面。所以这就涉及对周孔之道的基本看法。因为当我们讲周孔之道的时候，要注意到周实际上代表礼，孔代表仁，仁和礼是儒家思想的两大支柱。周公的礼乐和孔子的思想，结合以后就是周孔之道，是我们华夏文明几千年的主流。周孔之道就是仁和礼的统一，共同构成了原始儒学的主体构架。

要对周孔之道追根溯源，就要探讨华夏文化的礼乐文明产生的渊源。它至少萌芽于伏羲神农黄帝时代，到了尧舜时代，已经是礼乐文明的初创时期。夏商周三代，礼乐文化逐渐体系化、制度化，越来越完备。到了周代以后，集礼乐文明之大成，使得礼乐文化从周代开始，逐渐到了高峰。

西周的礼乐文化，它的肇始地是陕西的周原，是周的发达之地，北面有个岐山。周文王战胜了崇国以后，就把国都由周原搬迁到西安的西郊，建立了丰京。武王时期又建立了镐京，丰京、镐京连为一体，也就是现在的丰镐遗址。

西周建立后，周公在丰镐遗址制礼作乐。当时天下已经安定下来了，但是很多制度还没有建立起来。周公就写了《周官》，《周官》后来又称《周礼》。关于《周官》的作者目前仍有纷争，但是司马迁把《周官》看成是周公的作品，反映了司马迁对周公在西周制度礼乐文明建设方面贡献的肯定。

丰镐遗址

周公

周公姓姬，名旦，又称周公旦，是周文王的第四个儿子。公在西周的时候，是地位很高的标志。武王讨伐商纣时，姜太公、召公和周公都辅佐武王，经常为武王出谋划策。伐纣成功后，姜太公说我不仅仅要把殷纣王给杀掉，其他的殷人敢与我们作对的话，统统都不能保留。周武王觉得不合适。召公稍微温和一点，他说有罪的杀掉，没有罪的，可以把他留下。周武王还是不太满意，最后来征求周公的意见，周公认为对那些罪大恶极的，还是要杀。让其他的殷人都尽量住在自己的家里，不要改变他们原有的生活方式，还要让他们亲近有仁德的人，进行教化。周武王觉得周公的建议不错，对商朝原有的遗民和附属国进行了妥善的安置。

　　西周建立起来后，周武王因为操劳过度，年纪轻轻就去世了。当时成王还是个小孩子，怎么办？西周的形势也相当复杂，周公诚心诚意辅佐成王，反映出周公德行非常高尚。商人王位的继承是兄终弟及，哥哥去世以后，弟弟可以继承王位。周公不接受，坚持让成王继位，因为成王太年幼，国内还不太安定，于是周公先代成王理政。周公在文王诸子中排行老四，大哥伯邑考早就不在了，二哥周武王也去世了，三哥管叔鲜还在，五弟蔡叔度也在。特别是管叔，担心周公借机上位，于是他散布流言，说周公可能对成王有所不利。周公面对这种情况，他首先在内部进行解释，可以随时以王的名义来做好武力的准备。周公做的准备十分正确，不久管叔、蔡叔和殷人的淮夷发生叛乱，周公亲自率军东征。经过三年多艰苦卓绝的苦战，周公终于平叛了叛乱，顺道将西周的边界由中原推到海边。

周公东征以后，整个西周王朝真正稳定下来了，开始由内而外发展经济，进行制度、文化建设等，周公更系统地制礼作乐。这个礼乐的基本的体系，在《周礼·春官·大宗伯》中有所记载，将周礼分为五个部分，吉礼、凶礼、宾礼、军礼和嘉礼，所谓五礼。吉礼，是关于各种祭祀的礼仪。凶礼，按照古代文献记载，是邦国之礼，一个国家如果出现了天灾人祸等，也包括国君去世了，这个时候就要行凶礼。宾礼，主要是以礼亲邦国，周天子如何处理与诸侯国的外交，诸侯国之间如何往来，像我们现在外交礼仪一样。军礼，包括出兵打仗和大型的田赋劳役活动。嘉礼，涉及日常生活，饮酒礼、婚礼、接待宾客之礼等。

王国维先生有一句话，他说周的礼乐典礼，实为道德而设，周礼乃道德之器械。敬德保民和孝期都发源于周代，这些道德精神，整个礼仪体系，都对儒家产生了直接的影响。儒家思想最直接的渊源，就是西周的礼乐文明，以及其所体现的内在的道德精神。

周礼发展起来以后，周公还政于成王，成王把周公分封到鲁国。因为周公对西周有巨大的贡献，所以分封的时候就赐予鲁国非常高贵的车马、旗帜、美玉、良弓，比其他诸侯地位要高得多。还特别允许鲁国在礼乐方面有特权，可以享受和周天子一样规格的礼遇。到了孔子所处的春秋时期，其他诸侯国礼崩乐坏的时代，只有鲁国礼乐保存最完整。晋国有一位大夫叫韩宣子，他访问鲁国的时候说了这样一句话："周礼尽在鲁矣！"

后人评价周公：文王有大德而功未就，武王有大功而治未成，周公集大德大功大治于一身，真可谓立德立功立言圆满了。黄帝之后，孔子之前，对于中国文化最有影响的，周公一人而已，因此周公被后世尊为"元圣"，是"儒家"的先驱。周礼尽在鲁，而孔子生在鲁国，长在鲁国，他的家族具有礼乐传统的传承，孔子从小深受礼乐文明的熏陶和影响。孔子一生非常推崇周公，小的时候就非常喜欢礼乐。其他小孩玩捉迷藏的时候，他却经常把家里的礼器摆出来，穿着礼服，练习礼仪。长大后"入太庙，每事问"。在曲阜的周公庙有祭祀活动的时候，他就前去观礼。仪式结束以后，他爱去问礼仪的一些细节，再小的细节他都不放过，所以孔子在礼乐方面积累了非常丰富的知识。

孔子声名远播，他开始私人办学。教育学生需要课本，他就把上古文献进行整理，整理出《诗》《书》《礼》《乐》《易》《春秋》六本教材。这六本教材可不简单，成为后来我们所说的六经。孔子整理六经，他提出了一个最基本的看法：述而不作，六经只是一种整理、转述，我自己并不敢有什么创作。孔子是非常谦虚的，他在整理六经的过程中，实质上述中有作，开创了儒家的经学传统。孔子还创立了儒家学派，以尧舜之道为最高的理想，《礼记·礼运》里面描述大同社会，就是以尧舜为代表，以道德之治为主，辅之以礼乐。孔子希望以礼乐治天下，他有远大的抱负，有远大的理想，要治国平天下。孔子最基本的观念，是仁和礼，如果把孔子思想体系作为形象化的表述，大厦最基本的两个支柱，一个是仁，一个是礼，其他东西就是中庸与中和。以仁为支柱的修己之学与以礼为支柱的治人之学，被以中庸为基本原理的中和论有机地结合成为一个完整的体系。

仁和礼是两大基本支柱，但地位不是对等的。仁更为根本，更倾向于内在，是修己；礼是安人、安百姓。或者说仁的终极指向是内圣，礼的终极指向是外王。仁是孔子思想核心之核心，根本之根本。仁的思想渊源是从周公的敬天保民、明德慎罚、孝友伦理这些思想发展过来的，有直接的思想渊源，是直接传承西周的礼乐。那么孔子怎样传承西周的礼乐？《论语》说："周监于二代，郁郁乎文哉！吾从周。"二代指的是夏代、商代，周礼是在夏代、商代的基础上，集其大成。所以孔子说，周礼非常繁盛，如果要我选择的话，我要遵从周，继续发展传承。孔子积累了非常多的礼乐知识，建立起一套思想理论体系，他还说"如有用我者，吾其为东周乎"。如果哪个国君能够用我，我可以重新形成一个东周。在恢复周礼以后，想重建像西周一样的礼乐文明兴旺、发达昌盛的国家。这是孔子的理想。但是在鲁国行不通，他又带着弟子周游列国，一无所获，他又说："甚矣吾衰也！久矣吾不复梦见周公。"梦见周公意味着他和周公的心灵精神息息相通，他好久不梦见周公，可以说是多么失望无奈。春秋时期礼乐崩坏，没有人和孔子一样信奉原来的礼乐制度，所以没有统治者愿意听从孔子的建议。

著名学者杨向奎有一本很重要的学术专著是《宗周社会与礼乐文明》。在这本书中他说："没有周公，不会有传世的礼乐文明；没有周公，就没有儒家的历史渊源；没有儒家，中国文明可能会是另外一种精神状态。"儒学的原初的形态是周孔之道，那么儒学的故乡应该是陕西。儒学发源于陕西的西周礼乐文明，可以说西周礼乐文明是儒学的直接渊源，孔孟将其发扬光大。

西北大学 段清波

我曾经在秦始皇陵做过十年的考古工作，对秦始皇陵、秦始皇、秦朝及其在中华文明中的地位和贡献有一些认识。

秦始皇是一位家喻户晓的人物，在绝大多数人眼中他就是一个暴君。假如没有发现兵马俑，今天对秦始皇的认识，和当年司马迁所写的《史记·秦始皇本纪》中秦始皇的形象没有多大区别。我现在提出两个问题，请大家一起来思考。第一个问题，战国晚期，

※ 作者简介：段清波 (1964–2019)，生前任西北大学文化遗产学院院长。

在秦统一六国的过程中，秦始皇就是被人辱骂的对象。一直是一个暴君形象，人们骂了他2200年，都没有把他批倒批臭，任何时候说起秦始皇，所有人都觉得意气风发。虽然从不同的角度会对秦始皇进行鞭挞，可是到现在，秦始皇依然威立在我们心目中，他的形象还是那么高大，为什么？假如一个人真的非常不堪，做的坏事非常多，早就被骂倒了，秦始皇为什么会成为"例外"？

第二个问题，中国历史上各个朝代的最后一位或几位统治者，大多是暴君。夏代的桀，商代的纣王，西周为博褒姒一笑而失天下的周幽王，到秦始皇、秦二世，再到后来的隋炀帝，他们都是一个样子：残暴、大兴土木、穷兵黩武，这是为什么？是因为秦始皇、隋炀帝在位的时候，通过制度创新，都使得当时的社会达到高峰。可为什么在他们统治的后期，朝代就崩溃了？而且他们的所作所为都被描述成一个样子，为什么会有这样的情况出现？

对这两个问题暂时留个悬念，我先来谈谈秦始皇陵。历代中国的王或皇帝死了以后，他们的陵墓里都埋了什么？北京定陵和迄今发现的不同时代的一些王、诸侯王、皇帝、公主、太子的墓葬，其实里面埋的都是和他们生前生活有关系的随葬品。那秦始皇陵埋藏了什么？在1970年以后，经过对秦始皇陵近40年的考古发掘研究，我们发现里面埋了等比例的兵马俑和铜车马，还有非常多的其他种类随葬品。秦始皇陵所埋藏的随葬品，反映了一个什么样的丧葬理念？代表着秦始皇的什么想法？过去我们一直认为秦始皇陵埋藏了那么多的东西，是因为他贪婪地想要把生前所拥有的一切都带到地下去，是否真的如此？

考古发现，秦始皇陵中像兵马俑这样的陪葬坑超过两百座。但其实，我们对历史上这个对中国文明影响巨大的人，有着太多的误解，甚至是冤枉了他。我真的想说，这个人在他49年的生命中，使中国社会的发展方向发生了巨大改变。他所做的一切，影响了中国社会2200年的发展。迄今，东亚各国，其实还是在秦始皇的历史遗产中继续成长。可为什么我们

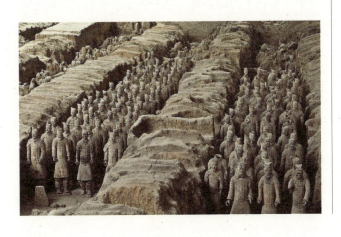

秦始皇陵
兵马俑坑

这么多年忽视了秦始皇的贡献，只把他看作一个"暴君"呢？

春秋时期，还存在约 160 个诸侯国。当时的社会管理，依旧是分封制。随着周王室衰微，诸侯争霸，所有人都认识到分封制已经行将就木，这套社会制度体系，已经不能治理社会了。于是到了战国时期，"百家争鸣"出现，其实，诸子百家所思考的问题是一样的，就是社会该怎样治理。秦始皇继位时，秦国在秦孝公、秦惠文王、秦悼武王、秦昭襄王、秦孝文王和秦庄襄王的努力下已经逐渐发展。又经过十年，秦始皇的统治疆域逐渐变成一个帝国。变成秦帝国以后国家应该用什么样的方式来治理？这可能是秦始皇在灭六国之前，统一中国之后，思考得最多的问题。秦始皇和他的团队，在统一以后不到十年的时间里，形成了中央集权下的郡县制。这种体制改革的成功对历史产生了深远的影响，它使中国成为一个区域社会，并且在 2200 年以来都没有变化，这是秦始皇最大的历史贡献。今天中国 960 万平方公里的土地上的 14 亿人，还能坐到一块儿，用一种文字来交流我们的思想和智慧。秦始皇对中国的贡献有多大，从我们今天还能有一个强大的国家，就足以证明。

2200 年以来，我们对秦始皇有很多的误解。但最

核心的一点，我觉得可能是我们对秦始皇的所作所为和所思所想理解得不到位，最没理解到位的就是秦始皇在统一中国之前之后的十年，他所做的那些事，还有秦始皇的文明观。这也是我想说的，秦始皇的情怀和理想到底是什么？他想构建一套新鲜的、完全不同于此前中国文明的一套文明体系，他也确实做到了。

前些年西方所宣传的那一套价值观，现在我们越来越意识到其可能并不适应中国的实际——综合国力独步天下，那一套价值观对西方的国家也有巨大的不适应性，法国、英国、美国，他们的社会经济体系是不一样的。美国，它用一种什么样的社会管理方式去让社会上的所有人的幸福感得到最大的满足？其实这是所有人都要面对的最大问题。秦始皇用中央集权下的郡县制很短的时间就解决了。在秦始皇统一之前，中央集权下的郡县制可能已经有了一套成熟的理念。

公元前 221 年，秦始皇统一了六国，紧接着统一文字、度量衡和货币。由此我们可以推测秦始皇二十六年，中央集权体制也公布实施了，秦始皇二十七年，秦始皇在朝廷和官员讨论，这个社会到底采取什么样的治理方式好，是按照西周以来的分封制，还是按照统一后的郡县制？双方官员各执一词讨论非常激烈，最后就发生了所谓的焚书坑儒事件，那时候离公元前 221 年也只有 7 年时间，在建立统一帝国之后的这 7 年，中央集权体制毫无疑问地已经得到了完全实施。

从湖北云梦秦简和湖南里耶秦简也能看出，当时统一制度遍及全帝国，秦朝政府的执行力非常强。一套政治体制的构建，在一个人当了王或是当了皇帝后，他一定有两件事情是需要做的，一是合理性，二是合法性。首先秦始皇执政的合理性怎么来体现？这套东西是对社会制度体系提供支撑的，秦始皇在他统一全国前后，就已经完成了这一套东西，现在我们称之为宇宙观。宇宙观就是不同时期的人们，对天、地和人彼此关系的一种认识体系，在过去，我们认为这是封建迷信，像阴阳五行一样。中国古代文明中最核心的东西——从战国晚期所形成的阴阳五行宇宙观,到秦始皇时期集大成并且完善。阴阳是什么?是按照一种对立原则,金木水火土,五行相克。五行相克解决的问题是什么?解决的是朝代更替的合法性,商朝为什么灭夏朝?西周为什么灭商朝?新王朝的合法性怎么来体现?秦为什么灭西周?到了汉朝灭秦,这种合法性该怎么来体现?如果这个问题不彻底解决,任何一个人都可以揭竿而起。这就形成了一种非常可怕的宇宙观,可怕在什么地方?它成为当时社会制度体系下人们的思维方式,我们中国文明的思维方式,最主要的一部分内容就是对立变通,五行既能相克,到了王莽篡权时,又变成五行还能相生。五行既能相克,又能相生,造成的结果是什么?就是变通。改革开放以来,我们取得所有的伟大成就,也都是因为变通思维在发挥作用。

反观现在,2010 年中国 GDP 达到世界第二,2015年在杭州举办 G20 会议,2017 年提出"一带一路"倡议并在北京举办峰会,中国已经成为制定世界游戏规则的重要参与者。我们发现最大的困惑是思维方法。今天讲中国式的过马路,中国式的什么什么,我们都有相同感受,现阶段,如果我们的思维方式还不发生变化,就会适应不了发展的需求,也适应不了中国在世界上得到尊重的需要。未来我们会构建一种什么样的思维方式？目前还不知道，至少我们知道从战国晚期以来的对立变通的思维方式，基本上是走向末路了。我们正处于一个伟大的时代，这个伟大时代需要伟大的思维方式。

还有一点值得一提，秦始皇49岁就去世了，他努力想做的一件事情没有做成——构建核心价值观。核心价值观说白了就是人和人如何相处的一种共识，即不同的人、不同的家庭、同一个家庭、长辈和晚辈、男女之间、下级和上级、地方和中央如何相处。后来他因为积劳成疾去世了，核心价值观并未在他手上构建完成。今天我们考古人所看到的遗址、墓葬、道路和随葬品等，这些东西代表什么？这些东西就是核心价值观约束下人们的行为处事方式的结果。一个人和另外一个人最大的区别是什么？一种文明和另外一种文明最大的区别是什么？中国人和日本人、印度人、欧洲人、美国人的区别是什么？我觉得语言和服饰长相并不是最根本的区别，最根本的区别是思维方式和行为处事方式的不同。秦始皇在他的时代已经完成了社会治理体系和宇宙观的构建，核心价值观则是正在构建未做成。但他所做的事情，影响了中国社会2200年的发展。试问中国历史上还有第二个人吗？没有了。

关于秦始皇陵的记载很少，司马迁在《秦始皇本纪》里面记载始皇初即位，穿治骊山。我们通过这40年的考古工作，对司马迁所记载的内容绝大多数已经有了论证。基本上证实了司马迁所记的内容是真实的，但是唯独对这句话，我们发现司马迁的记载另有隐情。秦始皇13岁时继位为秦王，他死后，他的儿子又帮他修建陵墓，修建了近两年，总共修了39年。所以今天我们所有的教科书，在谈论秦始皇陵修建的时间时，都会讲秦始皇陵修建了将近40年。但实际情况是怎样的呢？

即使统一天下之后有72万人在修秦始皇陵，而当年全国也不过2000万人口。2000万人口中，大概青壮年最多七八百万人，这七八百万人，在大秦帝国都干了些什么事情？30万人修长城，50万人开发五岭，70万人修秦始皇陵，还有在路上迟到的人，而且过去的后勤供应不发达，如果前线有30万人在修长城，就意味着后边要有三倍到四倍的人给前方提供粮草。所以到最后，大秦帝国为什么一夜之间崩溃了，其实是所有能劳动的人，全部是在做这些非生产性的活动，使得国家稍微遇到风吹草动，就灭亡了。

司马迁如此记载，加之《史记·秦始皇本纪》中又列举了秦始皇的其他暴政行为，基本上坐实了秦始皇是一个暴君，就是一个不体恤民力、大兴土木的皇帝。好在司马迁作为一个历史学家，所谈的内容相对来说还平实一些。到了唐代，一个伟大的诗人杜牧写了《阿房宫赋》，《阿房宫赋》出来以后，更牢固树立了秦始皇因大兴土木导致国家灭亡的形象。秦始皇已经不是一个人物，他是一个文化符号，"秦始皇"＝"暴君"，是长久以来导致国家灭亡的象征。

经过我们的考古发现，在秦始皇陵园的里面和外面，所有陪葬坑的建造方式是一样的，所有陶俑的建造方式和彩绘方式也是一样的。我们发现瓦网上有些戳记，表示当时生产这些瓦网的官府机构的名称是一样的。这里面就有一个很重要的问题。秦始皇陵的修建经历从秦国到秦帝国的转变，大秦帝国国土面积大概是 440 万平方公里，人口是 2000 万。在这么一个区域里，人们的所思所想自然不一样，包括秦始皇，他的所思所想也完全不一样。对陵园的设计，对陵园的建造实际上表达的理念也一定有所不同。但是我们看到瓦网上的这些官府机构的名称一样，彩绘的方式和建造的方式是一样的。在秦朝统一以前，劳工来自秦国本土，经过统一后则有些来自东方六国，劳动力、施工工艺和技巧一定会发生变化。但是我们在秦始皇陵看不出来。

在 20 世纪 70 年代的时候，我们在秦始皇陵还发现了一些修陵人的尸体，这些修陵人身上盖有瓦片，瓦片上刻着籍贯，有今天的浙江、江苏、山东、湖南、湖北、河北、内蒙古、河南、甘肃、陕西和山西。秦始皇二十六年统一后，齐国人才能参与秦皇陵建造，他来的时间一定不早于秦始皇二十六年。所以这些来自东方六国的秦始皇陵建造者一定是统一以后才来到秦始皇陵。司马迁说，"始皇初即位，穿治骊山"，其实不是真实地记载秦始皇陵的建造的问题，他想影射汉武帝。

司马迁是汉武帝时期的太史令，在创作《史记》过程中遭受了宫刑，他受宫刑的原因很简单——替一个不太熟的朋友说了一句公道话。这时候的汉武帝在干什么？大兴陵墓。汉武帝在中国历史上当了 54 年的皇帝，有 53 年在修建自己的陵墓，汉武帝还全部装修了一遍长安城，并且在城外还建了个豪华程度远远超过未央宫的建章宫。同时他大肆打击匈奴，晚年的时候，国库已经完全空虚了。任何一个有正义感的知识分子，都想向汉武帝谏言。但是面对汉武帝这么一个说不上来脾气秉性的人，司马迁想，如果我要对汉武帝直接说"你别再大兴土木啦，也别再跟匈奴打仗了，收手吧"，可想而知会有什么结果。含沙射影，影射史学，这时候已经得到灵活运用了，"始皇初即位，穿治骊山"这句话，其实是说给汉武帝听的。

司马迁还说阿房宫是南北多少步，东西多少步。整个阿房宫上面可以坐1万人，下边的一层二层的高度是十一米六，也就是五丈。但司马迁根本就没有和我们说，这只是一个设计方案，实际上根本没有建成。明知道没有建成，但是司马迁不告诉你，历史上这样的事情比比皆是。

所以说我们从司马迁的记载中可以看出来，有些话是真的，有些话未必如此。包括末代之王现象，只是知识分子向当今的圣上谏言时，为了安全起见，用历史说事儿，用秦始皇说事儿。除此之外，其实在司马迁之后，对秦始皇有负面评价的人比比皆是，《过秦论》和《盐铁论》使秦始皇的形象已经完全固化了。为什么？在任何一个新的朝代建立以后，这些都是一种舆论宣传。

年龄跟我差不多的人小时候读的课本，对蒋宋孔陈四大家族总是批判。曾经我和台湾友人交流彼此的小学课本，发现这是一种文化，我们小学的课本都讲台湾人民生活在水深火热之中。2006年我去台湾，当时正是陈水扁当台湾地区的领导人，他做了一个事情是去中国化，也有人给我递条子，我说其实这不是阿扁的发明，末代之王的现象，是我们一种悠久的传统。所以说历史上对秦始皇的一些认识，我觉得更多的是新朝代建立为了自己而造出来的。于是秦始皇莫名其妙地在他去世以后，被人们脸谱化了2200年。《汉书》说秦始皇陵修了十年，而不是实际上给我们感觉修了40年的那种记载。考古发现也证实，秦始皇陵修建的时间不到十年，并且在焚书坑儒以后，秦始皇三十三年开始重新修建陵墓，之前的陵墓在建造过程中，因为地质的原因挖不下去，所以施工者去向秦始皇请示应该怎么旁行300丈。秦始皇死后，秦二世接着修了两年。《汉书》中说秦始皇陵高50余丈，相当于我们今天的116米。但据我们最乐观的估计，整个封土的高度也才55米，和史书记载中的高度还差65米，所以这个陵墓的封土没有完全建成，推测可能因为农民起义。

通过对秦始皇陵地下40年研究所了解的情况，不仅有黑颜色的、有红颜色的土木遗址，秦始皇陵还有别于其他陵墓，表现在于其他陵墓是依次规划，逐步实施，而秦始皇陵虽然有初步的规划，在实施的过程中却又不断修改。

我们还发现在秦始皇陵的西北区域，里面有大量的建筑。兵马俑坑其实不在秦始皇陵里面，在整个秦始皇陵和兵马俑之间还有一百多个马厩坑，这些地方可能都是在建设过程中，又加进了一些新内容。所以秦始皇陵是由两重城墙组成的陵园，这也是中国古代最早出现围墙的陵园，此前陵园都是壕沟。秦始皇陵的两重围墙，有一个内城墙，还有一个外城墙。内城墙是木结构，在外城墙一圈我们发现了大量的陪葬坑，秦始皇陵最突出的特点就是陪葬坑，这些陪葬坑反映了一种什么样的埋葬理念？两重围墙，地面上的大量建筑，体现或者代表秦始皇对未来世界的一种什么样的设想？

过去我们认为秦始皇陵所埋藏的一切，反映了视死如视生，作为中国人，我们相信这种看法。从13000年前的北京山顶洞人开始，我们就有了灵魂的观念，到今天，仍有人相信人是灵魂不死的。人们死了以后对尸体进行处理，随着时代的发展和文明程度越来越进步，我们对死后世界的安排越来越周到，但是这都是按照他生前的一切来安排的。秦始皇陵第一个体现的就是视死如生。除此之外，秦始皇陵中有那么多铜车马和兵马俑，还有那么多美轮美奂的工艺制品。有人说，这反映了秦始皇的一种贪婪，他要把他生前所拥有的一切都带到地下。确实是这样，秦始皇作为一个古代中国人到另外一个世界去的时候，要带走跟他个人生活和个人地位有关系的一切东西。但除此之外，他还带走了一些东西，是远远地超过其他帝王陵墓所拥有的东西，最重要的一点就是两百座陪葬坑，我们把它称为外藏系统，也就是刚才我们说的秦始皇努力构建的中央集权郡县。一个陪葬坑，就是一个政府机构。所以说秦始皇走的时候带到地下，带到另外一个世界的是一套政治体制，带去的是一套政治体制的理念。这种做法在中国古代帝王里边是唯一的。西汉前期的皇帝亦步亦趋地学习秦始皇修建陵墓的思想，但西汉前期帝王的陵墓，放的都是跟个人生活有关系的东西。所以有时候我会说秦始皇陵和西汉帝陵，这种埋藏的理念，是中国历史上最有情怀、最理想的陵墓建设思想。

《史记》说秦始皇陵是以水银为江河湖海，上具天文，下具地理。20 世纪 80 年代，我们通过对秦始皇陵进行勘测，证明秦始皇陵封土的地方的水银含量是最高的，它超出正常水平的 70 倍。在 2001 年，我们又对秦始皇帝陵地宫的水银含量进行过一次勘测，证明之前的勘测是完全正确的，同时也证明了秦陵地宫的水银，就是由地宫中的水银挥发出来的，而不是土壤本身所携带的，证明《史记》里面的相关记载是正确的。我们能看出来整个地宫的水银，呈现出一个西北高东南低的形态，而这种形态也恰好就是和我们今天中国的水系版图是一致的。秦始皇在他的墓室做了一个帝国地图带到另外一个世界去。在中国历史上，乃至在世界历史上，皇帝去世以后，在墓室里面放一个国家的版图，除秦始皇外没有一个皇帝能做到。我在上课的时候也问过学生，我说你们谁家的卧室会挂一幅中国地图，有学生说我有，我说一定是高考前，高考以后一定是没了。我说你们看看你们父母的房间都挂什么？有没有挂地图的？所有的学生中没有一个。在秦始皇的"卧室"里面有这样的地图，这就是秦始皇的情怀。他到另外一个世界去的时候，带走了一些金银财宝，也带着对这个帝国臣民的牵挂。如果仅仅是如此的话，也罢了，只能说他有点小资情调而已。秦始皇陵地宫里还有一套东西，说上具天文下具地理，秦始皇把战国晚期所形成的五行相克这种理论，应用到国家实践中去。秦人认为自己是水德，水德代替了周人的火德，水德秦始皇怎么来看？水银，他用水银代表江河湖海的做法，其实也意味着秦是水德的一种象征。他用水德代替周人，意味着我是受了上天的一种认可，我的政权是合法的。另外，我们不要以为墓室就是人在另外一个世界的安详安居之处，不是的，

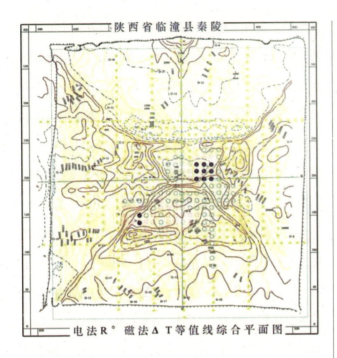

陕西省临潼县秦陵

电法R°磁法ΔT等值线综合平面图

秦始皇陵水银呈
西北高，东南低

是秦始皇在墓室构建了一套宇宙观。西汉时期，那些
比较高等级的墓葬里面顶部是弧形的，画有二十八星
宿。秦始皇陵，我们相信一定是有二十八星宿，墓室
顶部是二十八星宿，地上放着秦始皇的尸体，脚下是
以水银为象征的江河湖海。秦始皇把那个时期中国人
对宇宙的认识体现在他的陵园里面，体现在他的墓室
里面，也就是说秦始皇陵的墓室，其实是秦时期中国
文明宇宙观的一种象征。这种做法，秦始皇是第一人，
我们今天在秦始皇陵发现有大量的水银，水银可以炼
丹，也有剧毒，也有保持尸体不腐的功能。好多人推

测秦始皇陵有水银，反映了秦始皇到另外一个世界还要去炼丹，希望长生不老。水银有剧毒，可以有效防止盗墓，也可以防止尸体腐烂。说不定有朝一日我们把秦始皇陵发掘以后，还能发现秦始皇栩栩如生地躺在那里。我们今天对水银的这些认识都是在现代才形成的，但是在秦朝，水银还没被发现有那么多功能。所以说秦始皇陵以水银为江河湖海是秦始皇的情怀，是秦始皇理想的象征，意味着他到另外一个世界，还对国家有一种牵挂。

秦始皇陵最重要的一个部分就是陵中的陪葬坑，在里面我们发现有兵马俑、铜车马和马厩坑。这些到底象征着什么？我们过去不知道，这分布在秦始皇陵的两百个陪葬坑，包在陵园的内城和外城之间。它们都是中央集权体制下中央政府机构的象征，但是现在我们还难以说清楚每一个陪葬坑对应的是哪一个机构。我们知道它们是中央政府的机构，其中最著名的就是兵马俑。《史记·秦始皇本纪》中记载秦始皇陵是宫观百官，奇器珍怪，徙藏满之。现在我们来分析，奇器珍怪，珍怪就在墓室里边；宫观百官，就是跟秦始皇有关系的官僚机构，将与秦始皇的衣食住行有关系的离宫别馆以模拟的形式放到地下。在秦始皇陵的东北角，我们发现一个陪葬坑。这个陪葬坑规模不大，但是特别深，最深的地方离地表21米，约7层楼高。在21米的地下，全部是白颜色的，是一种三出阙的模型。三出阙与三出阙之间是过道，整个陪葬坑和另一个陪葬坑又连接起来。这其实就是我们在文献中所看到的，秦始皇后期，他不愿意让别人知道他在什么地方办公，然后他在每一个宫殿里面都有一些办公用具，他是通过隔道、辅道，在各个宫殿之间巡行。这些是秦始皇生前居住的宫观和百官的离宫别馆。除此之外，其他的那些陪葬坑全部是百官系统。

1998年，我们在秦始皇帝陵东南角发现一个陪葬坑，规模仅次于兵马俑一号坑，兵马俑一号陪葬坑是14250平方米，而这个新发现的陪葬坑是13680平方米，东西宽100米，南北长130米，这个坑里面发掘出的全部是用石片做的铠甲。四副铠甲排成一排，每一副铠甲配备一顶头盔，这个陪葬坑也和秦始皇陵所发现的绝大多数陪葬坑一样，遭到过人为的破坏和大火的焚烧。各位去看过兵马俑吗？谁看见过兵马俑戴着头盔，那一定是没认真看。从1974年到今天为止，我们在秦始皇陵，在兵马俑坑中没有发现过头盔。据说秦国士兵在上战场的时候根本不要命，所向披靡，战场上遇见秦国军将的时候只能缴枪。那么兵马俑到底有没有头盔？在这个坑里我们发现，其实秦国常备军队也有铠甲和头盔，配备比较齐全，但头盔是一个完全新的类型，铠甲的种类更是比兵马俑的种类还多。这些石片做的铠甲，是给不同军种、不同级别的人穿的，我们现在还不知道他们配备的标准，只知道这些铠甲全部是手工制成的，厚度不到一厘米，有一种鱼鳞甲——特别薄的一种甲，这种甲只有3～4毫米厚。

我们曾经做过模拟实验。买回来一厘米厚的石板。据说现代加工只能切一厘米。我们全部用电动的工具，按照铠甲的大小、薄厚、弧度进行加工，制作这种铠甲的时候，除了最后这个钻孔是用半机械来完成的，所有的工序过程全是手工完成的，但每人每天只能加工6片，一套铠甲是612片，一个人也需要一百天才能做完一套。历史文献上说，"始皇初即位，穿治骊山，及并天下，天下徒送诣七十余万人"，这个记载我们可以选择相信。而且当年全是手工生产，后来我们偶然发现了一个水井，这个水井里面全部是生产石铠甲不同过程的废料，能证明所有的工序全部是手工完成的。把一块大石块不断加工磨薄，不断地磨到有形状。尤其是头盔，做成像我们今天鞋拔子这样的形状，需要多长时间？七十余万人参与秦始皇陵修建的这个记载应当是真实的。

秦国常备军队的头盔是74片，靠近脖子的一圈是

两个弧形，重量是 5 公斤，一套铠甲是 20 公斤，这一套完整的步兵头盔和铠甲加起来是 25 公斤，相当于背了一袋面。上战场时得背 25 公斤。司马迁告诉我们，秦始皇是个暴君，1974 年发现兵马俑，证明那是一个军阵，1998 年我们发现的石铠甲，坐实了司马迁的记载，证明秦始皇就是一个暴君，秦始皇时期就是一个监狱遍地的时代，是一个民不聊生的时期。

　　但是 1999 年发现的一个陪葬坑改变了我们对秦始皇的认识，这是由 12 件陶俑组成的一个陪葬坑，这个陪葬坑也是被人为破坏了，但没有被焚烧，这些陶俑全部被人推倒在地。此外还有 20 匹马和一辆车。12 件陶俑、20 匹马、一辆车，组成了这么一个面积只有 410 平方米，坑底只有 140 平方米的陪葬坑。这在秦始皇陵里面算是比较小的陪葬坑。这个陪葬坑的意义是什么？后来我们发现有这么几个比较有意思的现象，这些头、铠甲、陶俑全部都有长板罐，而且在腰间挂了两个东西，这两个东西过去我们都没有太关注，长的是一个环首小刀，短的是小布袋，布袋前面打一个活结。长的装的是个刀子，短的里面装的是一个扁平的磨刀石。这是中国古代最早的刀笔吏。刀笔吏就是文职人员，这些陶俑的左侧还有一个空洞，有个洞是斜的，这是插简竹用的。我们还看到这些文职的官员的毛笔都插在头上，一个正常的工作状态的文职人员的形象，如果长官有吩咐或是需要记录的时候，可以随时把剪刀拿出来，然后用毛笔来记录，写错了就用刀子把它刮掉。刀子钝了，用磨刀石把它磨一磨，这是我们中国最早的文职人员形象。他们的级别是什

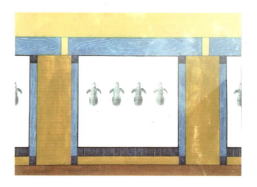

铠甲复原图

么？他们驾车时也戴这么一种头盔，按照文献的记载秦汉时期实行的是二十等军功爵制，这二十等军功爵中有一个爵位叫作公乘，公乘就是可以乘坐国家给你派的车，是一个八级爵。八级爵是一个上爵，上爵可以干什么？可以享受国家赐予你的土地，享受国家赐予你的奴隶，出门可以坐车。为什么八项规定坐车这样严？其实是古语有之，就是公乘。我们还发现四件青铜斧乐，斧就是斧头，比普通的斧头大一点。文职人员掌握着这种强权兵器。乐在秦汉时候皇帝出行时候，相当于我们今天的前导车、警卫车一样，上面都插着一把斧头。插一把斧头的作用就是表示后边有重要的人物，所有人等让道。而文职人员所掌握的拥有强权兵器的这套工具到底是什么呢？其实这是一套机构，这套机构挨着秦始皇陵。我们推断，文职人员能掌握的又拥有强权兵器的，距离秦始皇帝陵的封土非常近的，应该是三公九卿的廷尉，李斯当丞相之前的任职机构是做什么的？是负责全国的法律建设，负责全国的监狱。汉景帝阳陵发掘使得我们相信秦始皇陵的陪葬坑也是一样的，证实了司马迁的一些记载，还原了一些文职人员的形象。

　　同年我们又发现了一个坑，这个坑出土以后让我们为之振奋，使得我们对秦文化有了新的认识。这个陪葬坑面积不大，143平方米。一共出土了27件陶俑，这27件陶俑去看过兵马俑的朋友应该都没见过，他们上身和下肢是裸露的。有的陶俑在用力的时候，能表现出他的肌肉和骨骼来，是一个大力士的形象，甚至在举重的时候，他的肋骨都能表现出来。在中国的历史上，我们所有的艺术品准确表现出人的肌肉和骨骼的不多，秦始皇陵中的陶俑应该是目前发现最早的。

有一些陶俑，我们现在还没考证清楚到底有什么用。这批陶俑被发掘以后，使得我们看到了一个色彩斑斓、轻松愉快的秦代朝廷的宫廷文化。我们可以推测历史文献记载秦代的社会氛围在焚书坑儒后万马齐喑，可能记载得未必那么全面。

我们还发现了一个陪葬坑，更展现出秦始皇时的工艺水平真的不错。这个陪葬坑在秦始皇陵的东北角，陪葬坑不大，绝大多数被水冲毁了，只留下46件用青铜制作的水禽，有青铜鹤和天鹅。

这些青铜水禽我们过去没有见过，现在我们来看看它们都长什么样。它们全部在黑颜色木炭层的下面。我们也发现在中间这部分，有很多光脚踩过去后留下的脚印。整个坑全部发掘以后，我们能判断当年建成和被毁坏的一个过程，这个坑建成后一定是在很短的时间里，就有人进来破坏了。毁坏者是从当时的坑道里侧进去，打了个盗洞，从这个地方破坏完后点火。然而这个有水禽的地方是出风口，因为在地下，如果只有进风口，没有出风口，火是烧不起来的。我们也能看到光脚的脚印，当时水已经进去了，水进去以后，大约能到人膝盖的部位，能看出来是弯着腰在下面摸东西。今天兵马俑博物馆有一件跪射俑，跪射俑抬起脚来有手工鞋底的印子，能知道当时多数人是光脚的。

这个陪葬坑经复原以后，我们发现它们里面是一些青铜的水鸟。这些水鸟还处在没有开始做动作的时

青铜鹤

青铜天鹅

候。它们在河道的两岸矗立着、游戏着。还有一群音乐家正在调试乐器，准备用音乐让这些水鸟随着节奏翩翩起舞。半个小时后，秦始皇来到这个地方。那时候不知道有没有躺椅，他在想着一天的工作，听着音乐家演奏的乐器，水鸟在翩翩起舞。我们也可以想一想秦始皇是什么样的文化素养，至少我觉得如果纯粹是一介武夫的话根本没有闲情逸致静静地听这些，看着水鸟在动，武夫应该更喜欢看战士操练吧。

秦始皇陵出现这种陪葬坑，应该是秦始皇对他自己音乐爱好的一种体现，我们相信秦始皇是一个有文化、有情怀的人。刚才我们也看了秦始皇地宫，说秦始皇的地宫里有那么多陪葬坑，反映他对中央集权体制的一种厚爱。所以我们能看出来秦始皇其实并不是一个《史记》所说的暴君。再谈另外一个问题，秦始皇所构建的秦帝国能达到的文明高度，让我们觉得特别吃惊，特别不可思议。我们不禁思考，秦代所能达到的高度是怎么来的？

在张骞通西域之前，中西文明已经有了持久的、深入的交流，是一种什么程度的交流，我们知道的不多。经过近20年来的考古，我们发现小麦、大麦、金属、铁器、黄金、车、麻这些东西都不是原产自中国的，全是来自西亚，再经过中亚来到中国。那我们想想，张骞通西域之前，中外文明是一个什么样的状态。习近平主席讲了一个非常重要的观点，叫"文明互鉴"。通过秦始皇陵我们能看到在秦始皇时期，中西的文明有着非常多的、深层次的交流，包括文化方面，而不仅仅是制度。我们今天来讨论东西文明交流的时候，更多的还是讨论物质文化因素，葡萄、胡琴、胡瓜、胡麻等，在文化层面有哪些交流，我们不知道。但是我们现在能看出来，在秦始皇陵，比方说兵马俑，在兵马俑之前和兵马俑之后，我们中国的陶雕塑是什么样子？在战国晚期、秦统一前，我们发现的秦国陶俑高度才10厘米。到了秦始皇统一之后，突然到了一米八、一米九。到了汉代，又变成40厘米，最高是60厘米。还有铜车马这么一种技术科学，在中国历史上我们也没有任何一条文献有记载。还有表现歌舞杂技的陶俑，上身和下身都裸露着，我们再也没见过把肌肉和骨骼表达得那么精致，准确的。

还有一种东西，我们可能不太在意，就是砌墙用的条形砖，这种砖在兵马俑坑中是铺地用的。在一号坑的东侧的墙上看到这种砌墙的砖，但是这种砖是不错缝的，是一个方向上去的，稍微有点儿农村经验的人都知道这种墙根本没有任何的稳固作用，一推就倒了。中国古代条形砖秦始皇时期有。到了公元前60

年，在西安发现张安氏墓，是个拱形的顶，也是用条形砖做的，这种技术也不是我们首先发明的。

青铜水禽、铜车马，由铜铅硒构成，里面的、硒含量，和中国其他地方出土的青铜器同时代的或者更早的硒含量不一样，它们的硒含量少。青铜水禽的制作工艺中有一个垫片工艺，是为了加固。这个技术我们也没有。青铜水禽这种制作技艺，在古代地中海地区有很多类似发现。

不仅如此，中国古代最著名的石刻，或者在石头上刻文字，最早的是秦始皇四次东巡留下来的七块石刻。七块石刻上面的文字表达的内容类似：第一，我

27 件陶俑中的
1 号陶俑

受上天的委派来灭六国；第二,六国都是王八蛋；第三，我未来要建成一个什么样的国家。在其他的列国里面，是没有发现在石头上面刻文字的。我们甲骨文做得很棒，3000年前的我们的金文在青铜器上的文字也很漂亮。唯独没有在石头上刻字的这种传统，我们也没有在石头上做雕饰这一种传统，这是从哪儿来的？都是从西边传进来的。

春秋早期发现的黄金和铁器，时代最早的都是在秦国发现的。如果说站在东方六国来看秦国，秦国就是偏远地方。但是站在秦国，往东看是六国，往西看就是西方，秦国恰好就是中间。所以我曾经谈过一个观点，就是东张西望看秦国，当时秦国是东西文明交汇的地方。

还有考古上发现的一些器物，也可能来自西边。我们文献上有这样一个记载，过去我们把它当作荒诞不经的故事来讲。秦始皇统一的那一年，也就是公元前221年，有一种人非常高大，身长五丈，足长六尺，五丈是多少？11米6。足长六尺，1米38。在今天兰州以南80公里的地方，有个洮河，我们所说的传统羌人以前居住在洮河流域，洮河以东就是秦汉帝国，在汉武帝反击匈奴之前，秦汉帝国的边疆，西北的边境，在那里遇到一群人，这一群人是异狄。异狄人身长五丈，而足长六尺，令人不可思议，这是怎么回事？按说秦人、汉人也是见过世面的，云南的少数民族，岭南的少数民族我们都见过，匈奴也见过，东胡也见过，也没觉得奇怪，为什么对这批人的记载是这样的？我推测在各种可能性里面只有一个比较合理，这些人是非黄种人，想想，只有在边境线上突然看到非黄种人，辗转传到长安，传到太史令那里，留下身高五丈、足长六尺的记载，同时收天下兵器聚于咸阳铸人十二，这一切都是发生在那年。

这个故事我们还原一下，伊朗高原在历史上曾经有个波斯帝国，公元前550年才建国，这个帝国被一个著名的人物大流士一世灭亡了。大流士一世重新把这个帝国统一了，统一以后，对这个帝国进行了全方位的规划，他统一以后对这个帝国做的政治、经济、法律、军事、货币、道路、宗教、文化等改革措施和100年以后秦始皇统一中国时所有的改革措施一致。公元前330年，来自希腊半岛马其顿的著名英雄亚历山大很快就把波斯帝国灭亡了，灭亡后对波斯帝国管理的方式，沿用了大流士一世曾采取的措施。这是一个什么样的国家？西面到地中海东岸，南面到北非，东面一直到了印度的西北，包括今天的阿富汗（已经到了葱岭以西也就是帕米尔高原的西侧），北边到黑海和里海的南岸。这样一个庞大的帝国，横跨了四大文明，拥有人口将近一亿人，而我们秦帝国的人口是两千万，管理这么一个帝国用什么样的方式？

想想秦始皇统一中国之后所实行的那一套制度。冥冥之中，我感觉中西两套制度之间虽然相差一百年，但是有太多的相似之处，所以我相信，在张骞通西域之前，中西文明已经有了非常多的深度交往，不仅仅是物质文化交往，还包括制度文化交往。也只有因此，东方的文明，中国的文明才会如此强大。今天所有灭亡的、失踪的、消失的那些文明都是因为没有与其他文明交流。所以习主席说"文明互鉴"对我们今天、对我们国家未来的发展仍然有重大战略意义。

波斯帝国统一以后实际建了20个行省，秦始皇统一以后建了36个郡县，所有郡县的郡守都是由中央直接派遣。波斯帝国这26个行省的长官也是由波斯人担任，其中一个是摩索拉斯。摩索拉斯在公元前350年才建了他的陵墓。他的陵墓顶部是24层台阶，象征着摩索拉斯总督执政24年，由四匹青铜马加一辆车组成。在今天的阿富汗，我们发现了一个陶俑，这个陶俑也是彩绘，头长23厘米，兵马俑的头长26厘米，在全球范围内20多厘米长的陶俑头，就这两个。我们进行合理推测，随着亚历山大东征，来自希腊的这么一种文化和东方文化结合起来，形成一种新的陶梭艺术。这种陶梭艺术在希腊和罗马也有发现。（波斯帝国其实是一样的，基本上亚历山大东部所能到达的边界就是我们的帕米尔高原，站在帕米尔高原上往下一看，其实就看到了中亚、西亚，再远处就看到地中海。但是西方文明就是因为这帕米尔高原，才与我们有了更深入的交流。）

通过我们40年来对秦始皇陵的考古、发掘、勘探，通过对一些文物的认识，发现秦始皇其实是一个有情怀的人。在他的一生中，他做的这些事情，无论我们怎么去评价他，一个不可否认的事实是，他所构建的一套制度，影响了中国以后2200年的发展。在中国5000年的文明中，还没有另外一个人可以和他并驾齐驱。通过对秦始皇陵考古的解读，虽

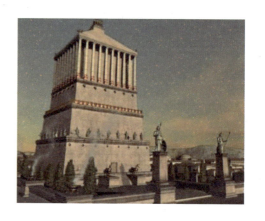

摩索拉斯陵墓

然历史文献告诉我们他是个暴君，但我们对秦朝却有了新的认识，那个时期并不仅仅是监狱遍地，并不仅仅是像陈胜、吴广所描绘的那样，还有秦始皇的情怀和伟大功绩。

我已经在秦始皇帝陵兵马俑博物馆从事考古工作25年了。长期以来我一直有个疑问，为什么兵马俑那么吸引人？一个平平常常的日子就有那么多游客慕名而来。这个问题我请教过很多人，包括普通的游客，也包括著名学者，答案各式各样。但当你站到平台上看，看到这么一个具有冲击力的景观，答案就不言而明了。奇迹不需要通过人的言语描述，就能让人感到它的震撼力。虽然世界奇迹是公元前后地中海东部地区人们对人类早期文明的工程遗存形成的概念，但是在遥远的东方，在2000多年前，秦始皇陵兵马俑也堪称世界的奇迹。

秦始皇陵的主题是什么？很多人用永恒、地下、天下来描述，当然这些词语是正确的，但是在这里我想提醒大家两点：第一，这是一个巨大的坟墓。第二，

※ 作者简介：张卫星，陕西省四个一批人才，陕西省特支计划哲学社会科学领军人才。秦始皇帝陵博物院研究馆员。曾任秦始皇陵考古队队长、考古部副主任、考古工作主任，现任科研规划部主任、秦文明研究中心常务副主任。

不要被各种物质现象所迷惑，它是思想作用于行为的产物，是思想的结晶。

第一，先介绍一下秦始皇陵的背景——秦始皇和秦帝国。第二，秦始皇陵的建设和秦始皇陵的历史。第三，从空间和地理的角度来认识秦始皇陵。第四，秦始皇陵目前发现的重要遗存，哪些东西可以作为秦始皇陵的遗迹。第五，分享一下秦始皇陵的主题是什么。

这个巨大的陵墓，它的主人是秦始皇。从某种程度上讲，秦始皇是中国人永远的话题，大概每个中国人都有一个秦始皇的情结。关于秦始皇的思想、后宫、求仙、继承人，大家都有说不完的话题。我们知道最基本的史实是秦始皇猝死于出行的路上，秦二世胡亥继承了帝位，二世把秦始皇葬到了骊山脚下，也就是我们现在所看到的秦始皇陵。

时势造英雄，英雄也顺应了时势。贾谊说秦始皇"奋六世之余烈"。嬴政刚即位就继承了巨大的遗产，这个遗产就是秦国统一六国的步伐势如破竹，如滚滚的车轮没有任何人可以阻挡了。但是对嬴政来说还有很多困难，在清除了吕不韦和嫪毐的残余势力之后，嬴政才顺利地统一了天下，完成了他的英雄大业。秦国重演了周灭商之路，用它的制度替代了之前周的制度。

公元前一千年，全球文明格局发生了重大的变化，我们在全球文明格局下来理解秦始皇陵，理解秦始皇，理解秦帝国，我们的变化实际上是全球文明变化的一个结果。同时近东地区的很多早期文明都已经灭亡了，新的帝国兴起。在亚欧大陆东方也经历了秦灭周这么一个重大的变局，对人类文明产生了巨大的冲击。这些文明产生的大帝国，有几点值得大家重视。这些大帝国都有辽阔的疆域，有不同的地理单元格局，比如沙漠、高山、平原和河流等。这些大帝国境内还有众多的人口，分成不同的民族。它们都采用了新的国家治理模式，秦帝国增强了中华文明的凝聚力，传承了中国古代文化，也开启了中国政治制度和大一统疆域的局面。

秦始皇陵的历史。从《史记》的描述来看秦始皇猝死于出行的路上，经过井陉、上郡，通过直道回到咸阳，二世把他葬在了骊山。古代的丧礼应该有两个阶段：第一个阶段是丧礼，或是隆重或是简单。始皇入葬骊山以后，后代人都可以看到坟墓非常巨大。汉初也有一些记载，比如说贾山的《至言》中记载秦始皇陵"下彻三泉，合采金石，冶铜锢其内，漆涂其外，被以珠玉，饰以翡翠，中成观游，上成山林"等。《汉书·刘向传》和《水经注》的记载，对秦始皇陵的内部做了很多演绎，说是有黄金做的凫雁，玉石做的棺椁。东汉以后随着一些文人墨客思古情怀的改变，更多的记载是对秦始皇陵发思古之幽情，强调秦的灭亡对现在世界的警示。

随着 20 世纪 60 年代我们开展始皇陵考古工作，到目前为止，秦始皇陵的考古工作已经经历了四个阶段。2009 年随着秦始皇帝陵博物院成立，我们在这个区域开展了系统的考古工作，进行了科学的规划，每个区域都进行定位。我们把所有的遗迹都可以放到统一的定位中去，经过这么多年的工作，已经基本上了解了它的遗迹分布、陵墓格局、空间结构。我们不仅在陵园内做了大量的工作，还在陵园外做了系统的工作，在几十平方公里的范围内也发现了大量的遗迹。

秦始皇陵位于关中平原的骊山，是秦岭余脉的一支。骊山北麓的关中东部地区，是整个区域中最宽的，东部地区有献孝时期建立的秦的栎阳城。骊山这个区域在周代是皇家的苑囿，周代设有离宫、别馆。但是骊山北麓秦始皇陵所在的这个区域，景观更具有冲击力。骊山北麓地区南高北低，山体结构巨大，还有巨大的落差。秦始皇陵的南北轴线，离骊山

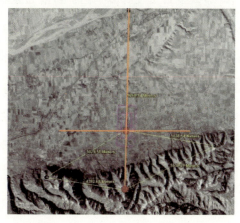

的东西两端距离大致相等，确定了秦始皇陵的基本格局。所有陵墓遗存、陵墓构造都是基于东西、南北两条轴线展开的。

从某种程度上讲，陵墓或者墓葬是丧葬礼仪遗存的结果，也是丧葬礼仪的舞台，大量的遗迹都是丧葬礼仪的物化形式。墓室上的地面建筑、地下的陪葬坑、附属的礼仪建筑等构成了整个具有礼仪性质的秦始皇陵，墓上建筑和地下墓葬是陵墓最基本的部分，大量的陪葬坑、陪葬墓、地面礼制性建筑是重要的组成部分。通过近几年的工作我们已经确定秦始皇陵的主要墙垣塑造了秦始皇陵园的基本形状——长方形，次一级的墙垣进一步将秦始皇陵这种具有中心四方结构的形式表现出来了。有了墙就要有门，那么秦始皇陵有多少门？目前为止我们已经发现了九座城门，这九座城门都位于东西、南北两条轴线上，两座城门之间还通过一些窄墙将城门封闭起来，中间有阙。我们现在基本上探明，"门"在某种程度上讲是和"道路"相联系的。秦始皇陵的道路应该分为两个系统。第一个系统是环形道路系统，是由围绕着巨大的封土周边的石头道路和环绕内城墙的廊房构成的。另一个系统是十字形道路系统，以墓葬的核心为中心点向四个方向发散。道路、门阙、墙垣界定了秦始皇陵的基本的空间格局形状，这三者分割围起来的区域实际上也有重要的意义。在这些区域内，设有不同的陵墓遗存，包括陪葬坑、陪葬墓和礼制性建筑等。除了门阙、墙垣、道路以外，陵墓之所以称为陵墓，还有几项最关键的遗存。第一是在墓室以外的外葬坑，具有埋藏功能，或者是具有礼制功能的陪葬坑。

　　封土西侧的三号陪葬坑，也是我们所说的铜车马陪葬坑，这个陪葬坑是压在巨大的封土下面的，它有五个区，铜车马仅仅是其中一个区域的过道所出土的遗迹。这个区域有五条过道，还有另外的一些类似木车马的遗存。铜车马修复后非常令人震撼，是两乘车，一前一后。前面的车是一辆立车，后边的车是一辆鞍车。铜车马不仅是高超的青铜技艺的代表，青铜上还塑造了非常精美的彩绘。

铜车马

　　铜车马的功能、意义，铜车马坑是不是秦始皇陵墓道的一部分？这个问题目前还没有定论，需要再进一步做研究。大家都很熟悉的兵马俑陪葬坑，实际上是一个区域块，是陪葬坑比较集中的区域。在这个区域我们发现了三个陪葬坑，最著名的是兵马俑的一号坑，它是一个大型的地下军阵，这个军阵相对来说比较完整。前锋是三排持弓弩的武士，这些武士除了个别人以外，都没有穿头盔、铠甲，表现了在战场上的英勇。兵马俑一号坑表现了一个完整的军阵，是以战车为核心组成的结构。

除了大量的陪葬坑以外，秦始皇陵还有一些埋葬在同一坟墓或者相近区域的从葬墓，又称为祔葬、合葬。同一个坟墓为合葬，在秦始皇陵园内发现了99座中小型的陪葬墓，在陵园的外侧发现了几座大规模的陪葬墓。在兵马俑后侧，还发现了一个大型的甲字形墓。

陵园内的陪葬墓在内城的东北区域，这个区域的面积大概有15万平方米，是一个相对封闭的区域。在其中我们发现了99座小型的陪葬墓。这些陪葬墓的排列是经过特意安排、设置的，指向秦始皇陵，呈向心性。几年前我们对这些墓葬中间的10座进行发掘，在墓室内没有发现人骨，反而在墓室的填土中有人骨存在。这些人骨凌乱、不全，和年轻的女性有关系。据司马迁记载，始皇驾崩后二世下令："先帝后宫非有子者，出焉不宜，皆令从死，死者甚众。"没有生孩子的后宫女子，不能出宫，须从葬到秦始皇陵。但这些人怎样死的，在哪儿杀死的，怎么埋葬到秦始皇陵的？史书上没有记载。陪葬墓的发现，为我们提供了新线索，基本上可以印证，历史的记载是成立的，但细节还需要进一步的研究。

在陵墓的西侧还发现了一个大型的陪葬墓区，有五座大型墓葬。兵马俑的三号坑西侧还发现了一个大型的甲字墓，有人提出疑问，兵马俑三号坑没有发现大型的、高级别的将军俑，是不是这个墓葬会是统率整个兵马俑的将军墓葬？这个还需进一步的发掘才能验证。秦始皇陵还有一类重要遗存——祭祀遗存，到目前我们在陵园内发现了 35 万平方米的建筑遗存，在陵园外也发现大量的遗存。

陵园内的陪葬遗存分布在三个区域：在内城的西北区域有 17 万平方米的建筑遗存，在内外城之间发现了 12 万平方米的遗存，在北内外城之间发现了 6.8 万平方米的遗存。这些建筑遗存跟陵墓的祭祀有很大的关系，我们对最主要的遗存进行了探沟式的发掘。遗存从秦始皇陵封土的边缘一直到内城墙的北部，南北

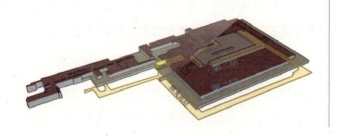

台基式建筑

630 米，东西宽 250 米，建筑面积达到 17 万平方米。从南到北分为 11 排建筑，最主要的部分是大型的台基式建筑。

它有三层结构。第一层铺上錾刻几何形、变形龙凤纹花纹的青石板。第一层到第二层有个青石台阶。秦始皇的宫殿咸阳宫出土有空心砖所做的台阶、踏步，秦始皇陵大量使用了这种石质的结构，非常具有冲击力。遗存和咸阳宫、阿房宫具有同样的三层建筑结构。

第一层到第二层的青石台阶

阿房宫前殿可以坐上万人，规模非常宏大，但阿房宫前殿没有建成，秦始皇陵建成了。我想如果阿房宫建成了，就是秦始皇陵大型建筑遗址的放大版。

秦始皇陵中间有一个非常明显的中腰结构，有人认为是三层台，有人认为是两层台，和始皇的求仙或升天有很大的关系。中腰结构非常有意义，展现了巨大的封土的结构。这个巨大的封土不光是一个土堆、坟丘、封丘，还是礼制性、地面性建筑。有一个巨大的土堆将地面建筑罩起来，如果有朝一日我们可以把它揭开的话，它的内部会有一个巨大的九层台体结构。这个九层台体结构东西有豁口，南北是封起来的。其实我们刚才所讲的中腰结构，从某种程度上讲，它有地面建筑。它上面有木构的部分，但是由于后期的破坏，木构的部分已经不存在了。

中间的中腰结构就很明显。所以实际上秦始皇陵是一个巨大的封土，把九层台体结构罩进去了，揭开这个九层台体，内部才是司马迁所描述的地宫，但是还没有到最核心的部分。这个九层台体的底部的边长是250米左右，东西两侧有豁口对应着东西墓道，南北台体的部分则把南北的墓道压在下面了。所以目前

秦始皇陵老照片

我们基本上明确，秦始皇陵也像所有的帝王陵墓一样，有四向墓道，内部也是一个亚字形的结构，符合皇帝的身份。

所有的遗存，它的功能、意义是什么？秦始皇陵的空间结构有两个特点。第一个特点——明显的中心部分，也有四向、九分、十二分的结构，形成了一个典型的中心观念。第二个特点，秦始皇陵还是一个多层环绕中心的结构，在中心区域之外，还有大量礼制性意义的陪葬坑，在秦汉代被称为堧地，是皇家的禁地。最外层的区域，骊山和渭河，山环水抱所形成的秦始皇陵的最大区域，在文献上没有明确的记载，我把它称为环境关联区。从中心的茔地到外围的堧地到环境关联区，构成了一个多层环绕中心的结构。无论是中心四向的结构，还是多层环绕中心的结构，都是从公元前一千多年或者更早时期，形成的一种古老的观念或图式。《吕氏春秋》《淮南子》把它发展成一种天下的模式。秦始皇出巡的时候有大量的刻石，在这些刻石中提到了大量天下四方六合的概念，实际上这些就是秦始皇所想象宇宙的图式。另外秦始皇陵还有一个值得注意的关键点，始皇二十六年秦始皇修建了一条道路，将秦始皇陵和在咸阳城的宗庙——信宫连接起来。陵墓和宗庙连接起来，非常具有礼制意义，因为整个咸阳城构制的理念是"象天法地"，极力构建始皇所在地成为一个宇宙或天下的中心。整个秦始皇陵，无论内部是司马迁所描述的上具天文、下具地理的结构，还是外部的空间构造，它的格局，遗存的设置，不同材质遗物的使用等，都是为了构建秦始皇心目中的天下。他死去的部分和他生前的部分，还有整个宇宙最高的统治者天所居住的部分，构成了始皇所想象的整个世界、宇宙。

我讲的主题是："汉并天下，博大恢宏汉文化"。中国人大部分都是汉族，汉族与大汉王朝有着必然的联系，大汉王朝从公元前 202 年开始，一直到公元220 年，是中国历史上一个强盛的朝代，从文景之治到汉武盛世，为中国社会的发展奠定了一个良好的基础。

我们先看一块汉代的瓦当，上面有四个字："汉并天下"。这块瓦当是汉代用在建筑椽头上，用来遮风避雨的一件装饰品。字是小篆，四个字反映了汉在统一以后，对全国形势的估计。

汉武帝平定西域以后，疆域已经比秦朝大了很多，特别是在河西走廊和新疆一带。秦王扫六合，建立了一个大一统的帝国，但只经过 14 年就分崩瓦解了。从汉朝开始，人们一直在总结，秦王朝为什么突然灭亡了？其中最著名的就是贾谊的《过秦论》。汉初统治者吸取教训，进行了一系列的政治、经济、思

西北大学　徐卫民

※ 作者简介：徐卫民，先后在渭南教育学院、秦始皇兵马俑博物馆、西北大学文博学院工作，现在文化遗产学院任教。

"汉并天下"瓦当

想的改革，实行的是黄老无为而治，试图通过无为达到有为的目的。所以在汉初年经过与民休息、减轻刑罚，汉王朝开始走向强盛，出现了文景之治，一派欣欣向荣的景象，为汉武帝的统治奠定了良好的基础。与民休息，减轻农民的负担，过去收税是十分之一，现在变成了三十分之一，其中还有 12 年直接免除了农民的赋税。农业赋税是国家财政收入的主要来源，为什么统治者会心甘情愿减少收入呢？因为秦末年的徭役和赋税太重，导致农民起义，所以汉初竭力避免这种情况再次发生。另外一个是在汉朝初年，最开始汉高祖刘邦提出来约法三章，后来《九章律》取消了很多残酷的刑罚。西汉时期还有一个很重要的政策，为了笼络人心，把孝文化做得非常好，除了汉高祖以外，都会在皇帝的前面加一个"孝"字，比如汉文帝叫孝文帝，汉景帝叫孝景帝。汉武帝也是孝武皇帝，为什么要加一个"孝"字？是因为对孝非常重视，以孝治天下，汉代对70岁以上的老人，有很多优待政策。皇帝更是以身作则，西安博物院藏有一件文物，是错金银的汉代鸠杖，非常漂亮，上面黄色的是金子，白色的是银子，是在铜器上刻槽子再把金银嵌进去，叫错金银。是非常重要的一项工艺，这个东西是干什么用的？就是现在拐杖的拐杖头，不是一般人能够用的，是一种老年人的身份象征。政府人员要定期把吃穿用物送到老人家里，如果照顾不好是要担责任的。

汉武帝时期原来的无为政策已经不能满足政治需要，无为要转向有为。董仲舒是汉代一位很有影响的思想家，他为汉武帝的统治提供了思想武器。他提出罢黜百家，表彰六经。汉武帝接受了董仲舒的建议，

汉鸠杖

罢黜百家，独尊儒术，实际上是外儒内法。社会的发展，光用儒教、礼制是不行的，还必须借助法律。所以汉武帝时期的儒学，被称为新儒学，和孔子的儒家思想已经有所不同。新儒学实质上是接受了一些法家和其他的思想糅合而成，法家的霸道和儒家的王道成为汉代皇帝所信奉的理念。汉武帝在汉长城的南边，设立了官办的大学——太学，从全国几千万人里边选出五十人，不但要学习好，长相还要比较好。这些人在学校里学的是四书五经，只要在学校期间能够熟读一本经典，毕业的时候都是公务员，不愁找不到工作。

汉代还进行了诸多经济上的改革，包括我们知道的生产改革，铁器的大量使用，许多铁制的生产工具都流传下来了。在长安城周边也修建了很多水利工程，在秦郑国渠的南边，修建六辅渠、白渠、程火渠和龙首渠。龙首渠在亳州和大理之间，要穿过山，从山下穿过，新疆的坎儿井应该就是受到了龙首渠的影响，

白渠所在位置

汉阳陵陪葬坑
大型陶罐

这是一件值得称道的事情。

　　这是在汉景帝阳陵陪葬坑里出土的大型陶罐，是存储粮食的，反映了文景之治以后，汉代的农业生产已经有了很大的发展。汉代之前我们书写用的是竹简或者木牍，很不方便，不像我们现在在纸上写非常容易。纸的发明是从西汉时期开始的，方便了我们的生活，在西安东郊发现了灞桥纸，在甘肃天水放马滩也发现过西汉的纸。以现在的考古发现，改变了传统的蔡伦造纸这样一个观点。蔡伦是东汉的宦官，实际上纸的发明是在西汉时期，到了东汉，蔡伦只是改进了造纸术。西汉时期的造纸，不像我们今天很便利，费时费工。到了蔡伦的时候，他把造纸的原料简化，使达官贵人才能用的纸，老百姓也能用上。后来造纸术也通过丝绸之路传到欧洲，影响了世界，是汉代对世

素纱单衣

界文明的贡献。还有因为汉代的丝绸做得好，技艺高超，在世界上得到大家的肯定，罗马人才会用大把黄金换我们的丝绸。

马王堆汉墓里面出土的素纱单衣，重49克，不到一两重。河北中山靖王刘胜墓里发现的金缕玉衣，是数千块玉通过金丝连接起来，穿在人身上的。连身上各个小部位，都有小玉片来遮盖。古代人认为玉是非常纯洁的东西，能够保护尸体不朽。金缕玉衣是最高等级的衣服，还有银缕玉衣、铜缕玉衣。这件金缕玉

玉舞俑（左）
羽人（右）

衣相当完整，做得非常漂亮，比人的身体要大一些，反映了当时玉器制作工艺已经达到了很高的水平。

马王堆汉墓还出土了羽人、玉舞俑，羽人是中国古代神话中一种有翅膀的飞仙。玉舞俑是受到西域舞蹈影响的艺术品，也反映了当时玉器制造业已非常发达。

长信宫灯与
雁形灯

商周的青铜器已经达到了炉火纯青的地步，汉代的青铜器则是由过去的礼器变成了实用器。上面两件东西是灯具，做得非常漂亮，是当时的达官贵人才能够用的，左边一件是长信宫灯。一个仕女手里拿着灯，造型非常自然，可以调节亮度，还能消烟。另一件是雁形灯，也是可以调节亮度、消烟，既实用，又美观。鎏金铜马也是青铜制品，出土于汉武帝茂陵的陪葬坑，有人说这就是汉代汗血宝马的造型。汗血宝马是中亚的名马，汉武帝很喜欢马，他不惜动用 10 万兵力，弄回来 3000 多匹汗血宝马。这件东西实际上是把汗血宝马的造型放在了陪葬坑里。它造型非常漂亮，鎏金铜马是把金和汞涂抹在铜器上，经过蒸发变成了现在的颜色。因为鎏金铜马很难保存，不轻易展出。

鎏金铜马

画像砖中间的亭子相当于现在的工商管理所，四边是商铺，它反映了市场的管理和当时汉代商业的发展情况，反映了汉长安城的景象。汉长安城，是当时世界上最大的城市。西有罗马，东有长安，汉长安城

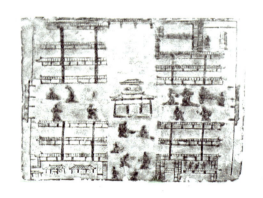

汉画像砖

和西方的罗马城处于同一时代，但比罗马城要大得多。汉长安城实际上是按照《周礼·考工记》和儒家思想来修建的一座城市，也是现存古代规模最大、最完整的都城遗址。

敦煌莫高窟张骞出使西域壁画

汉武帝时期还有一个很重要的事件，就是丝绸之路的开辟。甘肃敦煌莫高窟的唐代壁画里，有一幅张骞出使西域的壁画。张骞是我们陕西汉中人，他出使西域，当时西域还是匈奴人在统治，他去的时候带了一百多个人，回来的只有他和一个匈奴的向导，而且他被扣留了十年。匈奴人为他娶妻生子，他仍不忘使命，又逃出来。张骞从丝绸之路的南线回来，经过了13年的时间，使汉王朝对西域有了更深的认识，后来又第二次出使西域，这两次出使西域对丝绸之路的畅通是非常重要的。丝绸之路实际上是以丝绸贸易为主，这一条路在先秦时期就已经有了，但只是一条民间的路。汉武帝时期，通过张骞出使西域，通过卫青、霍去病攻打匈奴，它才正式成为官方的丝绸之路。当时汉武帝为了保护这条丝绸之路，还在丝绸之路的北边，专门修了一条长城，防止北边的匈奴人对丝绸之路的骚扰，保证了路的畅通。也正是丝绸之路的缘故，罗马及西域的成千上万斤的黄金，才进入汉王朝。丝绸之路的安稳运营，离不开大将卫青和霍去病，他们在军事上的成就非常大。

霍去病第一次带兵出征的时候，才18岁，第一次就打了一个漂亮仗，可惜他22岁就得病去世了。汉武帝对他的去世很痛心，他的丧葬规模堪比皇帝，能够和皇帝埋在一个陵园里边，而且他的墓葬修成祁连山的形状，因为他在攻打匈奴的时候，在祁连山作过战。祁连山上还有很多动物，所以霍去病墓也有石刻，刻的是马、牛、羊等动物，尽管做得粗糙，但是能反映汉代的石刻艺术，都是我们国宝级的文物。

我们看这是霍去病墓中的一件文物，叫马踏匈奴石雕，一个马底下踩着一个匈奴人，完全是当时战争的背景，做得大气恢宏。鲁迅对汉文化的评价是恢宏博大，也是根据霍去病墓上的石刻得出的结论。霍去病陵墓上的石刻是目前发现最早的石刻，它的历史意义、艺术价值都非常高。

从史前时期一直到清朝中期，中国的疆域都是不断扩大的。汉武帝在西域地区的用兵，实际上为国家

马踏匈奴石雕

疆域的扩大奠定了一个非常良好的基础。现在甘肃的四个重要城市，武威、张掖、酒泉和敦煌，都在汉武帝时开始设郡，成为河西走廊的四个大城市。汉武帝雄才大略，毛主席讲过秦皇汉武，讲得非常到位，汉武帝的很多行为可以和秦始皇相比。但汉武帝时期对匈奴大量用兵、屯田等，使用了大量的人力、物力、财力，所以到了晚年的时候，已经快把汉初的财富积累用光了，就不得不调整政策。

汉武帝从 16 岁开始当皇帝，一直到 70 岁，在位54 年。他六七十岁的时候，已经老眼昏花，疾病缠身。人在得病以后，就会胡思乱想，他也开始迷信起来。巫蛊之祸也因此发生。巫蛊之祸是汉武帝后期非常严重的政治事件，从公元前130年持续到公元前90年，大概40年的时间。整个事件牵扯人数有几万人，很多皇亲国戚和达官贵人都牵涉其中。可以说是汉朝政治由盛转衰的一个转折点。巫蛊是以民间迷信为观念基础而施行的祸害人的一种巫术形式。制成一个小木人，在小木人的身上插针，或把它埋在地下，施加咒语。

秦汉时期的皇帝迷信思想很严重，而且都希望长生不老，汉武帝也是如此。江充就抓住机会，利用当时汉武帝和太子刘据之间的矛盾，将自己和太子的矛盾转嫁到太子和皇帝之间。江充组织人到太子的宫殿里去挖掘，果然挖出来东西。到底是谁埋的，史书没有记载。于是太子一派和皇帝一派在汉长安城里面打起来了，太子战败，逃出长安城，在今天河南和陕西交界的地方被抓住，太子不愿再回来，自杀了。皇后卫子夫也因这件事情被处死。刘据的孙子刘询，也就是后来的汉宣帝，当时只是一个几个月的小婴儿，也被关押到监狱里。巫蛊之祸给汉武帝的教训非常深刻，加上国库不支，汉武帝不得不改弦更张，他发布了轮台诏书，相当于皇帝的罪己诏，认识到他前面的做法是错误的，汉武帝是一个高明的人，及时改正汉朝的政策，才会有后来的昭宣中兴，汉没有像秦一样快速

灭亡。

昭宣中兴是在轮台诏书的基础上，把汉武帝的有为政策做了一些调整。汉武帝的茂陵是汉代规模最大的一座陵墓，陪葬品、陪葬坑也是最多的。汉武帝做了 54 年的皇帝，汉代规定皇帝在自己继位的第二年就开始为自己修坟墓，他的陵墓是从他 17 岁开始修的，因为活的时间长，修陵墓时间长。到他死的时候，陵墓里的陪葬品已经塞不下了。有记载当时农民起义，30 万人去盗茂陵，盗了一个月，还没有盗完。汉武帝去世后，钩弋夫人的儿子刘弗陵做了皇帝，霍光辅政。刘弗陵没有儿子，他死后需要另立新帝，原来的继承者汉废帝刘贺昏庸被废，于是有人推荐，让坐过牢的刘询来做皇帝。刘询是在巫蛊之祸中被送进牢房的，因为有人保护，没有被处死。汉武帝晚年知错，恢复了汉宣帝的皇室身份，但是他仍然没有进入到政治圈。他喜欢游逛，特别了解民间疾苦。18岁当了皇帝以后，在政治、经济、军事、文化上，都做出了一番功绩。在昭宣中兴中汉宣帝的作用是最大的。汉宣帝勤于政事，整饬吏治，郡县的一把手，他都要亲自和他们交流。在对外关系上，他也是个值得我们赞颂的人。汉宣帝派兵把匈奴人从西域赶走，建立西域都护府管辖西域的若干个小国家，这实质上有了政府直接去进行管理，比汉武帝时期在西域的管理有进步。这对于我们汉代疆域在西域的扩大，也起到了非常重要的作用。汉宣帝的陵墓没有埋在渭河以北，他的陵墓也非常大，这几件玉器都是出土于杜陵，玉质非常好，现在保存在西安博物院。

刚才我们讲到汉代疆域不断扩大，特别是在汉武帝、汉宣帝时期，显示出汉文化的博大和包容的特征。

汉宣帝杜陵
出土玉器

汉文化是一种开放性的文化，这种开放性在历史上国家强盛时期多次出现，因为只有强盛，才会对外开放。明清时期实行闭关锁国政策，实际上就是不自信的表现。汉朝开了一个良好的头，由于博大、开放，才有了"大汉帝国"这样一个称呼，才有了汉民族、汉语、汉服的出现。

欧亚大陆又被称为旧大陆。四大古文明除了中国文明之外，还有西亚两河流域的文明、北非尼罗河流域的文明、南亚的印度河流域文明。这四大文明中的前三大文明，北非的埃及文明和西亚的两河流域文明之间有密切的联系，现有的考古资料也证明西亚的两河文明和南亚的印度河文明之间，也有比较频繁的交流。那么，在古文明时期，我们中国文明和其他三个文明之间是个什么样的关系呢？

首先从地理环境来看，中国处于一个相对封闭的地理环境。在欧亚大陆的东方和它的西方之间有个中间地带，是亚洲的内陆地区、腹心地区。这就是中亚，包括从新疆到中亚这样一个广阔的地区，也是我们所说的丝绸之路的核心地带。它连接着东边的中国文明和西边的西方文明。这个中间地带是怎么回事？从现有的考古资料来看，四千年前关于中间地带的考古资料非常少，一万年前到四千年前这个阶段，中间地带

※ 作者简介：王建新，西北大学文化遗产学院二级教授，博士生导师。

由于气候干旱，没有形成农业，人烟稀少。在这样的情况下，丝绸之路的中间关键区域没有人，交通也就很困难。所以现在的考古资料告诉我们还有一条路线是北方蒙古高原的北部到西伯利亚这一带，北方草原地带的东西方交流比较早，在距今 5000 年前就开始了文化交流、人群交流。中国古代文明在形成发展阶段缺少和西方文明的直接交流，但是通过北方草原地带有间接的交流。

北方交流路线

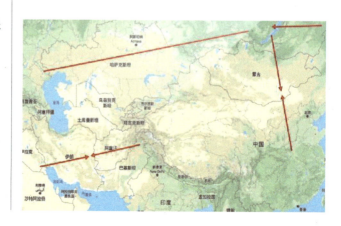

另外还有一个方向，南亚文明，刚才说了印度河流域文明和西亚文明是有交流的，那么印度河流域文明和中国文明之间有没有交流？现在我们的了解非常少，这也是学术界的一个缺憾。印度河文明很著名，但印度河文明的核心地域并不在现在的印度，而在巴基斯坦。距今4000年左右时欧亚大陆出现了人口大迁徙，开始大交流、大融合。阿尔泰山、西伯利亚一带人群南下，进入新疆和中亚，最近的考古资料显示最早可以到追溯到距今4300年左右。距今4000年左右，还有两个方向的人群，一个来自西方高加索、伊朗高原的人群东进，进入新疆和中亚，同时来自东方黄河上游地区，甘肃、青海一带人群西进进入新疆。三个方向的人群会合在了新疆和中亚，他们交流融合，使新疆和中亚直接进入了青铜文明。东方和西方的交流也从这个时代开始。

我们知道小麦并不是中国原产的，尽管陕西人经常吃小麦，但小麦的原产地在西亚。就是在刚才我们提到的那个阶段，小麦从西亚传到了东亚，黄河流域的上、中、下游，甚至是山东，都有小麦的发现。小米原产地在中国黄河流域，也在这个阶段传到了新疆、中亚。这两个原产地不同的农作物，它自己不会长腿，是靠交通、交流才能传播，说明在4000

年前欧亚大陆东西方已经有交流了，比张骞出使西域要早得多。东西方交流最早可追溯到 5000 年前，距今 4000 年左右的欧亚大陆人口大迁徙，更是开启了东西方真正意义上的交通交流和文化融合，这一切都远早于张骞出使西域。那么，古丝绸之路上真正出现丝绸文化交流载体是从何时开始？

现有的考古学证据告诉我们，远在张骞出使西域之前，中国的丝绸已经到国外去了。在俄罗斯境内的阿尔泰山地区，苏联考古学家发现了一处重要的墓地——巴泽雷克墓地。离中国不太远，它在中国、哈萨克斯坦、蒙古交会的地方。巴泽雷克是在冻土地带，气候环境比较冷，所以一些有机质的文物，包括人的骨骼尸体、马、丝绸保留下来了。这些文物当中有丝绸，丝绸的图案是织锦，来自长江流域的楚地，属于春秋战国时期的楚国，巴泽雷克的丝绸和在湖北江陵

巴泽雷克墓地与
湖北出土织锦

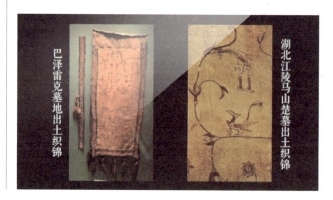

出土的丝绸图案一模一样。

除了丝绸以外，还有铜镜，这种山字形、山字纹的铜镜也是楚国的铜镜。

还有漆器同样也与在湖北出土的漆器纹样一致。这说明了什么？巴泽雷克墓地的时代是公元前500年到前400年这个阶段，是在春秋战国时期，比西汉张骞出使西域要早几百年。在这个时期，丝绸和其他文物已经向西方传播了。

那么张骞为什么会出使西域，他去干什么？说来话长，大家可能也了解一些。张骞出使西域的直接使命是当时汉武帝派他去联络大月氏[1]，打算联合起来对

1　"大月氏，月亮的月，氏族的氏，我上学的时候，老师就告诉这两个字不能念 yuè shì，要念 ròu zhī。所以我过去一直就念月氏 ròu zhī。但是近几年有些学者又进行了考证，说应该念月氏 yuè zhī。我个人认为怎么读都可以，因为中国古代我们的肉、月就是不分的。这几年跟国外的学者交流比较多一些，在英文、俄文当中他们的发音都是 yuè zhī，我为了交流方便，暂且也跟着念 yuè zhī。"（作者讲座中语）

抗匈奴。《史记》记载月氏人生活在敦煌、祁连间，是一个游牧人群。敦煌、祁连间在哪里呢？敦煌在河西，那是不是也在河西走廊？不对，今天的祁连山并不是古代的祁连山，古代的祁连山是今天的天山。唐代的著名学者颜师古作《汉书注》，他说祁连，匈奴以呼天为祁连，所以祁连原来是天山，并不是现在的祁连山。所以古代文献《史记》《汉书》《盐铁论》中，只要是汉代的文献讲到的祁连山，都是天山，无一例外。在《史记》的《大宛列传》和《汉书》的《张骞传》中都记载了汉武帝元狩二年（公元前121年），骠骑将军霍去病攻匈奴至祁连山，破匈奴西域数万人，明年匈奴的浑邪王率民降汉，金城、河西，西并南山至盐泽空无匈奴。[1]金城是今天的兰州，兰州顺着河西走廊往西走，顺着南山往西走一直到罗布泊，匈奴被扫清了。前头讲的祁连山，后头讲的南山，就是今天的祁连山。我从1999年开始，首先对河西走廊进行了考查。河西走廊以张掖为中心，分成东西两个部分。东

1　《史记·大宛列传》："是岁（元狩二年），汉遣骠骑破匈奴西城（域）数万人，至祁连山。其明年，浑邪王率其民降汉，而金城、河西，西并南山至盐泽空无匈奴。"《汉书·张骞传》："是岁，骠骑将军破匈奴西边，杀数万人，至祁连山。其秋，浑邪王率众降汉，而金城、河西，并南山至盐泽空无匈奴。"（非编者引注，作者原引用文献移至此）

部是山间草原地带，低山丘陵适合游牧生活，也确实发现了游牧文化——战国到汉代的沙井文化。张掖以西是什么环境呢？大片寸草不生的戈壁，包括敦煌周边地区，戈壁中间有一些沿水源、河流分布的绿洲。河西西部这样的环境，从经济形态来说，只适合定居的农业和畜牧业，不适合游牧经济。而古代月氏人，至少有几十万人口，是一个比较庞大的游牧人群。河西走廊西部不具备这样的生活条件，他们不可能生活在河西走廊的戈壁滩上，也不可能生活在敦煌这一带。所以从环境上看，亦是考古资料证明，到目前为止，在河西走廊西部，无论是史前时期，还是汉代以后，没有发现游牧文化的遗存，从来没有庞大的游牧人群在那里生活过。所以月氏人西迁之前的原生地并不在河西走廊。那在哪里？通过考古发现来看，古代月氏人活动的区域应该以新疆东部的东天山为中心，包括向东可以进入蒙古草原、向西可以进入准噶尔盆地东缘的草原地带。

2000年以来，我们在东天山地区做了大量的考古工作，已经发现五六百处古代游牧文化的遗址，其中也有大型王庭级的遗址。那么月氏人是什么时候西迁的？月氏人其实是和汉王朝同时崛起的。我们知道北方草原的游牧帝国匈奴在秦汉之际开始崛起，匈奴崛起后东攻东胡，西攻月氏。汉王朝刚建立的时候比较弱，匈奴则是国力强盛。刘邦曾经带领了20万大军想北征匈奴，可是匈奴的冒顿单于带了30万骑兵把刘邦围住了，最后刘邦通过陈平，使用计谋收买贿赂了当时的单于夫人才侥幸逃脱。所以在汉初的几十年，汉朝一直对匈奴采取和亲政策，不敢打仗。但是匈奴不断南下侵扰。汉武帝即位后，经过几十年的休养生息，汉朝的国力大大增强，汉武帝依靠这样的国力开始考虑要反击匈奴。所以他听说月氏人被匈奴打败，月氏王都被匈奴杀掉了，就派使节去联络大月氏，想合力对抗匈奴。这就是派张骞出使西域的原因。为何我们说长安无论从时间上，还是空间上，都是丝绸之路毋庸置疑的起点？传说中的大月氏究竟有没有被找到？从出发到返回之间的13年，张骞又经历了什么呢？

张骞出使西域是从哪里出发的？有说从甘泉宫出发的，有说从长安城出发的。到汉武帝的后期，甘泉宫才成为汉武帝经常接待外国使节和派遣使节的地方，在今天的淳化、旬邑一带。汉武帝刚继位的时候，掌权的还是窦太后，甘泉宫没有大规模扩建修缮，所以张骞应该是在长安城的未央宫出发的。张骞的地位虽然不高，但是张骞的使命重要，他持有使节，是皇帝亲自授予他的。在未央宫还有一个授节仪式，然后从未央宫，从长安出发，所以说长安作为丝绸之路起点，作为张骞出使西域的起点，无论从时间上还是空间上都是没有疑问的。张骞出使西域的具体时间其实没有明确的记载，但从文献中可以推算，张骞出使西域一共用了 13 年，在匈奴待了 10 年左右，在月氏待了 1 年左右，第二次回来又在匈奴待了 1 年左右，合起来 13 年。这样推算下来，他应该在公元前 138 年左右出发的。张骞带了一百多人浩浩荡荡出发了。沿途已经被匈奴控制了，路途艰险，到了今天的河西走廊，他们就被匈奴抓住了。张骞在匈奴的时间可不短，10 年，娶了个匈奴的媳妇，还生了孩子。慢慢匈奴人对他放松警惕，觉得他已经被同化了，可是张骞并没有忘记他的使命。他看匈奴放松警惕后，悄悄逃脱，去继续完成他的使命。这个时候大月氏已经因为与宿敌乌孙人的战争从伊犁河流域再次西迁，到了中亚。月氏人好不容易安稳下来，张骞想说服他们共同对抗匈奴，月氏人已经不想干了，所以不愿意和汉朝联合对抗匈奴。张骞在大月氏一年多也没有说服月氏人，他的使命没有完成。在此期间，张骞除了大月氏以外，还渡过了阿姆河到了阿姆河以南的今天阿富汗北部的大夏，就是西方的巴克特里亚。在大

夏看到了来自四川的筇竹蜀布，他问当地人这个东西
从哪儿来的，大夏人说是从印度来的，所以他推测
从四川到印度，通过印度到大夏还有一条交通路线。
这个发现很重要，因为张骞没有说服月氏，没能完
成使命，他只好返回。返回的时候害怕再次被匈奴
抓住，放弃来时的北线，顺着南山包括昆仑山、祁
连山这条路线走。不幸还是被匈奴抓住了。张骞又
在匈奴待了一年，碰上匈奴的老单于死，新单于继位
内乱，张骞逃脱返回长安。经过 13 年，历尽千辛万
苦，张骞才返回长安。张骞联合大月氏对抗匈奴的政
治使命并没有完成，然而他创造出的远行壮举却被历
史铭记，其意义和影响力远大于无缘大月氏的遗憾。

　　张骞出使西域是国家行为，所以尽管之前民间
的交通路线已经存在了，但是张骞出使西域标志丝
绸之路，从最东边的东亚，经过中亚到西亚到欧洲，
全线贯通的开始。张骞的正式使命是联合大月氏对

抗匈奴，虽然没有完成，但是张骞带来了很多意外的收获。在他的出使过程中，了解到除中国之外，我们的西边，从中亚、西亚到欧洲还有很多人群和国家。所以说张骞出使西域是中国人第一次睁眼看世界，除了中国的丝绸到国外去，国外的很多东西也到了中国，现在我们生活中很多吃的、用的东西都是通过丝绸之路传进来的。中国古代的四大发明通过丝绸之路也传到了西方，在西方近代文明形成发展过程中发挥了重要作用。

丝绸之路促进了东西方文化和物品的交流，但中国对丝绸之路的认识角度是不一样的，历代文献中我们不太把它作为贸易之路来看，很少记载中国商人到国外去。考古资料也显示中国使节过去了，外国的使节进来了，我们更多地把它作为一个政治外交的通道。同时我们也看到这样一个现象，在中国文化中，比如说宗教，除了道教是土生土长之外，其他在中国形成、发展、流传至今的宗教，佛教、祆教、摩尼教、景教和伊斯兰教无一不是通过丝绸之路传来的。这些宗教传入中国，使中国文明具有多样化的内涵。

从 1999 年我开始致力于丝绸之路的考古研究，其实西北大学很早就开始了丝绸之路的考古，最早可以追溯到 20 世纪的三四十年代。被称为中国丝绸之路考古开创者的黄文弼先生，就是西北大学的教授，他多次带团在甘肃、新疆进行调查发掘。从 1999 年开始，我们在丝绸之路上开展工作一直延续到现在，有多方面的考虑。首先是学术上的考虑，直接的学术目标是寻找大月氏。当我接触到这个课题的时候，月氏人的遗存和在中国境内的生活地域尚不清楚。这些年，我们是从一个未知到另一个未知，我们是中国第一支走进中亚的考古学家。现在我们基本找到了西迁中亚的大月氏的遗存，填补了国际学术界的许多空白，还会颠覆国际学术界很多已有的结论。

张骞出使西域在历史上树立了丝绸之路的重要里程碑，更是欧亚大陆东西方文明交流的里程碑。今天的"一带一路"建设，实际上就是要继承张骞的遗志，继承历史留给我们的宝贵遗产。

西安是中国古代历史上最为辉煌壮观的城市之一，也曾是世界上人口最多的都市，在鼎盛时期据估计有100万以上的人口。西安的设计思想当中渗透着哪些理念？又有哪些创新使得她成为中国历代都城建制的典范，甚至影响到邻国都城的建制？政治的浪漫和刻板又如何集于她一身？在她身上又有哪些大唐文化的闪光点？

长安自古帝王都，今天我带大家一起走进隋唐长安城，去体会这座城市的浪漫与刻板。

想知道中国，就得知道长安，我今天讲的就是有关隋唐长安城的。长安这个地方，是个中国人都知道。她是中国最重要的古都之一，号称"十三朝古都"。我们在短短的时间里，如果想把她的整个历史全貌完全讲出来，是不可能的。所以我今天挑选了一个题目，从政治浪漫和刻板的角度来看长安城。

城市兴起有很多类型，有的是因为政治而起，有

陕西师范大学　于赓哲

※ 作者简介：于赓哲，陕西师范大学历史文化学院教授。

的是因为商业而起，有的是因为交通而起。但是像长安这样，与政治结合这么紧密的城市，应该说在中国的历史上，也是属于比较典型的。

长安自古号称帝王都，那么这里为什么受这么多王朝的青睐，成为定都时间最长的城市之一？

首先要从汉高祖刘邦的故事讲起。刘邦在垓下之战中击败了项羽，项羽自杀了，然后刘邦在定陶称帝。称帝之后刘邦面临着一个巨大的抉择——定都。他选择很困难，因为经过秦末农民大起义和四年的楚汉战争之后，当时整个中国竟然没有一座像样的城市，最后刘邦决定定都洛阳。为什么选洛阳，因为洛阳曾经是东周的首都，起码还有点规模。刘邦本来就这么愉快地决定了，但是有一个戍卒叫作娄敬，来给他提意见，说你把这个地方选错了。娄敬建议，定都关中而非洛阳。为什么要选择关中呢？他认为秦国的地理优势非常非常明显，"因秦之故，资甚美膏腴之地，此所谓天府者也"。请大家注意娄敬短短的一句话，其中道出了长安自古帝王都的两大原因。首先一点，关中这个地方土地肥沃、人口众多。关中是中国古代最早的农业发祥地之一，在这里孕育了中华文明。历史上被誉为天府之国的地方一共有八个，陕西的关中是历史上的第一个。

娄敬告诉刘邦，关中这个地方位置非常有利，谓之"四塞以为固"，四面都有天险。东面有函谷关，北边有陕北高原和河套平原，南边是巍峨的秦岭，西边有陇山，还有包括散关在内的一系列关隘。关中相当于被保卫在盆地里，进可攻退可守，实力强时可以向外扩张，实力弱时可以据险自保。刘邦听了以后决定在关中定都。可是仍有个重大的问题，关中连一座像样的城市都没有。大家知道关中以前有个辉煌伟大的咸阳城，但是我们也知道咸阳城哪里去了，被项羽一把火给烧了。最后刘邦选择在渭水南岸新建一个都城，他派工程技术人员去那儿选一个新的都城基址。来到了现在未央区这个地方，当时工程技术员到了之后，发现那里一个村子。他们就进去问，您这个村叫什么。老乡回答说我们这个村叫长安。工程技术人员回去给刘邦汇报，刘邦听后高兴得不得了，长治久安，对这个地方简直爱得不得了。爱到何等地步？以至于这个城市不仅叫作长安，他死了以后，他的陵叫长陵，刘邦儿子汉惠帝的陵墓叫作安陵，合到一起是长安。从此以后，一个辉煌伟大的都城诞生了。

刘邦所建立的长安，位于今天西安市的未央区，但是我们今天要讲的并不是这座城的整个历史，我们

汉长安城地图

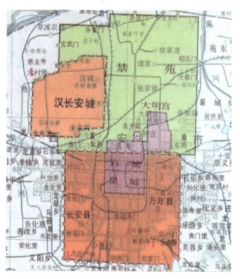

汉与隋长安城
对比

要讲的是隋唐长安城。隋唐长安和汉长安城的关系是

什么？它们都在今天西安市的辖区内，但它们是两座

完全不同的城，我们来看一下上面这张图，这张图把

两座城市的位置关系标得非常清楚。

我们可以看到图中左上角部分是汉长安城，而下面方方正正的部分，就是隋唐长安。到了隋文帝时期，隋文帝放弃了原来的汉代长安城，建了一座新的长安城，当时叫作大兴，这就是今天西安市的主城区所在。它包括未央区的一部分，莲湖新城、雁塔、高新、曲江等这一带。隋唐长安城非常大，是当时世界上的第一大城，东西长 9721 米，南北宽 8651.7 米，总面积是 84.1 平方公里。它的第一个显著特征就是大，第二个显著特征就是人口众多，它是中国历史上第二个人口达到百万级别的城市。在那个年代人口能够达到百万，在全世界范围而言都是一座大城。它的建制有一个特点，非常四四方方。它渗透着这样的设计理念：浪漫与刻板相结合。

怎么个浪漫与刻板？第一，它有着中轴对称的审美观。第二，它渗透着天人合一的思想，并且还要实行严格的坊市制度。

唐代的长安城与隋代的长安城相比，东北方向多出了一块宫殿区，叫作大明宫。也就是我们下图东北角的部分。长安城的设计师宇文恺是一个充满着浪漫主义色彩的人，他想把这座城设计成为天庭在地上的体现。所以说这座城在设计时就有着天人合一的思想，体现在布局上。请大家再看这张图，

在我们这张图的上面北边有一个框。框内是皇帝居住的宫城，在它的南边框内是政府机构集中地，也就是所谓的皇城。那么问题就出来了，从安全保卫的角度上来看，宫城是不是应该放在整个城市的中间比较合适，可长安城中宫城为什么要放在最北端？其实不为别的，就是为了符合天人合一的思想。天人合一的思想中，天上的东西要在地上有所体现。在古人的宇宙观中，紫微星代表着地上的君王，也正是这个缘故，皇帝居住的地方被称作紫禁城。在古人的宇宙观中，紫微星在天庭的哪一个方位？在正北，而且是最北边，所以在地上的君王也要居住在城市中的最北边。顺着这个思路，我们可以解释为什么皇城要布置在宫城的南边了，《甘石星经》中记载："北斗星，谓之七政，天之诸侯，亦为帝车。"北斗七星代表着诸侯大臣。北斗星在紫微星的哪个方位？在南边，所以政府机构集中地的皇城就部署在了宫城的南边。

长安城的中轴线也就是中间那条路——朱雀大街，是整个城市的中轴线。朱雀大街的宽度根据《唐会要》的记载是宽100步，古人所说的一步是左脚右脚各伸出一步，相当于你自己的身高。所以我们估测，唐人所说的一步是160厘米左右。经过考古勘察，发现《唐会要》的记载是准确的，朱雀大街的平均宽度是155米，与估测的差不多，相当宽阔。今天西安市的朱雀路虽然沿用了唐代的朱雀大街名字，但是远不及当年宽。唐代有那么多车吗？为什么要修这么大、这么宽的街道？我觉得其实没什么必要，并不是为了解决交通拥堵问题，完全是为了感官上的宏大气势，也就是我们现在所说的面子工程。唐代审美观，一言以蔽之——大。顾炎武曾经发过感慨，他所见过的唐代旧城址、旧房屋，无不高大恢宏。他认为宋朝以后就不行了，"时弥近者制弥陋"，越靠近我们所处的这个时代就越不行了。唐代不仅建筑大、城市大，人也大。

隋唐长安城是当时世界上最大的城市，最多时人口超过100万。长安城的形制也影响了邻近国家的都城建设，日本国的平城京和平安京，渤海国上京龙泉府都高度效仿了长安城的规划结构。在这座恢宏大气的长安城中，最繁华的地方是哪里呢？在交通不发达的时代，为什么各种肤色的外国人会出现在这里？他们跋山涉水远赴长安的目的又是什么？我们接下来会围绕这些问题展开讨论。

长安城有个特点，它里边有一个一个的小方块，看起来像棋盘一样。这是什么？这是坊。这就要涉及我们所说的政治刻板，因为在那种浪漫主义的天人合一的思想之下，对整个城市有着非常刻板的管理制度。建设城市的要求首先不是繁华，也不是浪漫，更不是富裕。它首先要的是什么？要的是秩序。这个秩序通过坊市制加以贯彻执行。怎么个坊市制？坊是坊，市是市，一个一个小方块儿就是坊，相当于今天的居民小区。同时还建有坊墙，有坊门。市场有两个，东市和西市，是两个巨型的市场。当时制度规定，任何商品经济活动都要在两个市场内进行，严格禁止在居民坊内进行商品交易。从便利性的角度来说，真的不便利，可以说是很不人性的一种设计。可在唐代却坚持如此。为什么？因为唐代执行的仍是重农抑商政策，中国古代把人划分成四个等级：士、农、工、商，商业永远被划分在后边。是因为当时并不能意识到商业对整个经济有着润滑剂的作用。历朝历代的统治者，他们对于头脑灵活，又有号召力，同时手上有钱的人，总是充满着警惕。而商人偏偏是这样的一群人，所以商人不讨统治者欢心。因此坊市制度出现了，坊市制度导致了整个商品经济的不繁荣，但是客观上却促进了东市和西市的繁华。在我看来，这是一种畸形的繁华，因为它不是商品经济高度发达的体现，它是行政命令的结果。以西市为例，西市是长安城市场中最繁华的一座，号称"金市"。它是丝绸之路的起点，或者终点。西市比东市商品更琳琅满目，更多样化，因为外国客商到了长安城之后，就在这儿卸货、交易，一般不去东市，所以格外繁华。

据《西安历史地图集》里的西市平面图推测西市大概有店铺数千家，乃至上万家。西市有东西南北街道各两条，把整个西市划分成一个九宫格的形状。这些店铺是干什么的？请大家先看下页图右上角果子行，果子行就是卖水果的。它下面那个椒笋行，是卖调料、菜、干货的。但此椒要么是花椒，要么是胡椒，断然不可能是辣椒。因为辣椒是美洲产物，是哥

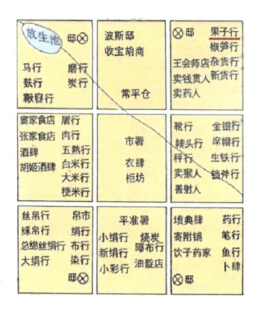

伦布发现新大陆之后带回了旧大陆，然后由欧洲传到了菲律宾，明朝末期由菲律宾传到中国。中国人吃辣椒的历史其实只有几百年的时间，那么当然有人要问了，陕西人是无辣不欢的，那在此之前怎么解决吃辣的问题呢？其实也有办法，比方说葱、姜、蒜，都可以称之为辛辣。还有茱萸，也有辣味。但是辣椒来了之后，茱萸就迅速地退居二线，因为辣椒的辣度真的比它强得多！

椒笋行旁边有一个叫作卖钱贯人的店铺，请大家猜猜它是卖什么的，是银行的货币钱庄吗？事实上它跟钱多多少少有些关系，但是没那么高大上，它卖的东西很简单。因为唐代制式货币是铜钱，每到晚上结账的时候，各店铺都需要大量的穿钱用的麻绳，这家店就专卖麻绳。当然你可以用现代词语把它包装一下，叫作金融边缘衍生品服务，显得比较高大上。我们再往下看，可以看到药行、笔行、鱼行，这名字就非常通俗易懂了。再看这个卜肆，就是算卦占卜的地方。卜肆旁边这个坟典肆，大家猜可能是丧葬用品，卖棺材的，对吧？错了，它是书店，为什么呢？因为唐人把上古的书籍称为三坟五典，其出处最早见于《左传·昭公十二年》，楚灵王称赞左史倚相："是良史也，子善视之，是能读《三坟》《五典》《八索》《九丘》。"因此坟典乃三坟五典的简称，所以书店成为坟典肆。所以大家要记住这一点，穿越回唐长安之后，千万不要跑到西市，看见坟典肆，跟人家说是卖棺材的吗？老板出来就一个大耳刮子：你才卖棺材。

下面我们看一下下页两张图，上面是考古中发现的西市砖砌的排水沟，下面这个是一杆秤，令人惊讶的是，这杆秤跟我们小时候见到的金属秤几乎是一模一样。至于大家看到的金属盘子，上面的三个小耳朵都一模一样，跟现在的秤相比，大概只有刻度有点变化而已。从这个秤来看，我们的生活与一千多年前的

唐代排水沟

唐代铜秤

祖先并不遥远。

　　下页图是一个胡俑，长安城当时是一个多元文化融合的城市，是一个有很多人种的城市，以往我们都说中国古代闭关锁国，是明清以来才开始的。实际上中国历史的绝大多数时候是非常开放包容的，我们的传统文化是一个动态的文化，随时在吸收着外来的优秀文化成果。唐朝更是一个典范，长安城内有很多胡人，这些胡人很自由奔放，奔放到何种地步？喝高了就赤膊上阵。

胡俑

胡商人俑

　　这是一位胡商，他牵着一头骆驼，而且从他的帽子和大翻领的胡袍来判断，应该是中亚粟特人。

　　这是张大千先生临摹的很有意思的一张敦煌壁画，画的是一个黑人，在唐代的长安城内，黑种人并不罕见。唐朝人将黑人称作昆仑奴，实际上人家是东南亚人。东南亚人为什么被归到黑人里？因为唐朝没有现

张大千临摹敦煌
壁画

代人种学的观念，觉得东南亚人也挺黑的，所以就把
东南亚人也归到黑人的范围里。

　　长安城的市场很繁华，人们使用货币进行着海量
的交易，市场上人来人往，而且有很多"胡俑"——
外国客商。东市和西市是唐长安城的经济活动中心，
也是中外各国进行经济交流的重要场所。世界各地的
商贾云集使得无数的珍奇异宝汇聚长安，各种各样的
文化在这里交融，不断萌生出最新最潮的娱乐活动，
究竟是哪一种让长安百姓趋之若鹜？而这么一座世界
级的繁华娱乐之都，却又被人故意拆毁，破坏她的罪
魁祸首到底是谁？他又有什么目的？

　　长安城内的建筑绝大多数还是供老百姓来居住。

当然老百姓有穷的有富的，富者深宅大院，贫者可能无立锥之地。所以我们取个平均值，讲讲唐代中产阶级的房屋。它们很有特点，是四合院。但是它跟北京的四合院不一样，长安的四合院比较狭长。这是长安城的一个四合院的房屋模型，曾是陪葬的冥器。四合院的构造是这样的，从大门进去之后有一个中堂，直接挡住你的视线，这在风水上是有讲究的，中堂后面是主人所居住的卧房，在它的两旁还有厢房，供下人或者是客人居住。后院里有假山有花园，有时候还养着鸡和猪。

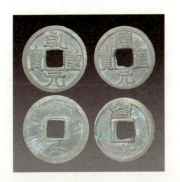

开元通宝

长安民居

唐代厕所

　　这是唐代的厕所，厕所虽然不登大雅之堂，但是厕所很重要。厕所也是文明的象征。唐代的厕所会修建一堵墙挡住如厕者，墙中间还开了个孔，这个孔有什么用？据考古学家的推测，因为厕所还不分男女，谁去了谁就用。当如厕者蹲在那儿的时候，可以通过窗口往外看，如果有人来了，就高喊一声："我在这呢！"他就知道有人在，就不进来了。

　　唐朝长安城同时还是一座浪漫的城市，这里有活泼的居民，有发达的文化，有发达的娱乐，歌舞、戏剧盛行。一般认为中国原始的戏剧就诞生于唐代佛寺里的俗讲，用演戏的方式把佛经里面的故事讲给大家。因为很多人不识字，所以逐步发展成为我们所说的戏剧。有角色，有伴奏，这不就是我们现在的戏剧吗？所以一般认为戏剧诞生于佛寺。

　　下页图是僧人的讲经图。唐代的佛寺不仅有戏剧可看，也可以去找和尚谈心，化解忧愁。这些僧人往

往也是大学问家，所以当时很多人会在佛寺中学习，这在唐代是非常普遍的现象。

　　长安城的衰落始自朱温。经过安史之乱之后，唐朝开始走下坡路，但长安城并没有明显地衰落，为什么？因为唐朝后期平民的浪漫主义色彩更加浓厚，商品经济也更加繁荣，所以长安城的衰落并不明显。甚至有些方面，比唐前期有过之而无不及，可是毕竟这是一座政治城市，为政治兴、为政治衰无法避免。导致它衰落的罪魁祸首就是朱温。朱温在宝鸡与军阀李茂贞进行了一番大战之后，将唐昭宗控制在自己的手中。因为朱温的大本营在河南，所以挟持唐昭宗前往河南，想让唐昭宗在洛阳居住。为了摧毁唐王朝最后的根基，还下令将辉煌伟大的长安城拆毁，将居民迁往洛阳。移民的时候很多人死在了半路上，尤其是妇孺老弱，长安自此衰落，再也没有当过全国性的首都。总的来看，一方面是由于中国经济重心已经逐步开始向南方转移，另一方面，在长安城作为首都长达1000多年的过程中，城市规模不断扩大的同时造成了对环境的破坏，进而影响到了农业的发展，形成恶性循环。

因政治而兴、因政治而衰的长安，给我们留下了哪些启示？书写出历史上最为辉煌灿烂一页的长安城，我们每个中国人回首望去，又留下了怎样的精神寄托？

后来韩建在长安驻扎时觉得保留这么大一个长安城的废墟，已经没有什么必要了。于是他放弃了

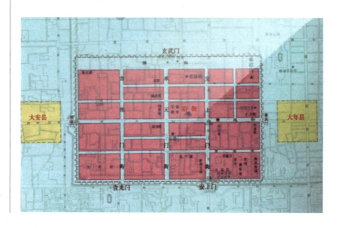

五代长安城地图

整个长安城外郭，在原来唐代皇城的基础上，建成了新的长安城，即五代时期的长安城，面积很小，只相当于原来长安城的十六分之一大小。到了明朝洪武年间，明朝人觉得这个城也太小了，于是向东、北扩展，建造了今天我们能够看到的西安市市中心的城墙。这一圈城墙中保留了唐代城墙西南角的原貌，就是西北大学北门出去所面对的城角，其他三个城角都在扩建中被毁掉了。西南角和其他三个城角都不一样，其他三个都是直角，而它是圆弧形。

明朝刚建立的时候，明太祖曾经派出他的儿子朱标到关中考察地理风俗人情，考察长安是不是可以立都。但是朱标回去之后，这件事不了了之，可见根据当时的勘察，他们认为长安已经丧失了立都的条件。而北京为什么能够成为元明清三代首都？原因很简单，因为当时的政治中心已经转移，对于元朝来说，北京城离北方草原和长城以南的农耕区更近，所以在北京建造一座都城。对于明朝而言，永乐皇帝迁都北京是因为他要对付蒙古的残余势力，他要镇守在北京，加上这里原来是他作为藩王时的大本营。对于清朝来说，北京可以完美地把草原、南方农耕区和东北大本营三个地段联系在一起，所以他们选择了北京。长安此时已经变得不那么重要了，从长安城的衰落我们也能看得出发展经济的必要性和环境保护的重要性，这大约是长安城留给我们的一种历史启示。

长安因政治而生，因政治而衰落，它有着浪漫和刻板的色彩，形成了一种独具风格的文化。它曾孕育出隋唐光辉灿烂的文明，达到了中国封建王朝的顶峰。

所以说，长安到底是什么？我认为，长安是我们中国人胸口一枚闪亮的勋章，永远值得我们骄傲和自豪。

在中国历史名城中，长安城的历史首屈一指，西安是 13 朝古都，长安城的面积是 34 平方公里，加上周围南边庞大的上林苑以及北侧，将近 3000 平方公里。在这之前最大的城市是哪个？是 1200 平方公里的罗马，长安城的面积是罗马的两倍左右。长安城面积之大与它首都的地位密不可分，其实长安城能作为首都也是非常偶然的事件。

秦末农民起义后，刘邦先入关中。楚汉之争刘邦胜利之后，他先在山东的定陶做了皇帝。刘邦打算定都洛阳，但这时候娄敬提出反对意见，说洛阳不好。张良也劝刘邦说，洛阳这个地方虽然好，但是很小，地方不足百里，很容易四面受敌，不是长久之地。而关中这个地方地势险要，是天府之国。现在我们将成都称为天府之国，但这个词最早是形

※ 作者简介：刘瑞，复旦大学博士，中国社会科学院考古研究所研究员，考古所阿房宫与上林苑考古队队长，汉唐研究室副主任。中国考古学会秦汉考古专业委员会副秘书长、中国考古学会建筑考古专业委员会副主任。

容关中的，形容成都是后来的事。刘邦听了觉得非常有道理，于是决定放弃洛阳。秦末战争中，楚怀王曾有一个很著名的约定：先入关中者为王，结果刘邦先进入了关中，还约法三章赢得民心。刘邦来了长安，但长安被项羽烧了，于是刘邦按照萧何的建议开始重新修建长安城。

长安城四周修有城墙，东墙和西墙是比较直的，东墙是 5000 多米，西墙则是拐了一个弯，4700 多米。北墙靠渭河，南墙迁就了未央宫、长乐宫以及高庙等等建筑，有点拐弯，将近 7000 米，长安城的城墙周长是 25000 米，整个长安城的面积是 34.39 平方公里左右。有城墙自然会有角楼，西南角、东北角和西北角

的角楼保存得不错。城墙是个梯形，上面小底部大，底部宽 16 米左右，两边坡度是 11 米左右，推测高度是在 10 米以上。

有墙肯定有门，可以看到周围有 12 座城门，四面各三座，每个门有两个隔墙，三个门道。过了 2000 年，其实已经看不到任何城门迹象了，我们现在只能看到豁口。

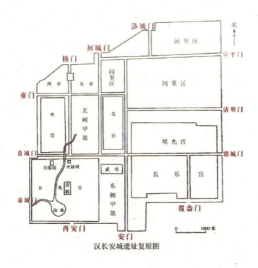

汉长安城遗址复原图

汉长安城遗址复原图（四周都有门）

城市是有阙的，阙是什么样子的呢？我们看这块画像砖上的图，可以看到它两边门外有很标志性的建筑，比如故宫的午门实际上就是古代的阙。阙在哪边，正门就在哪边。其他城市也同样的，正方向的位置才会有阙，偏门、后门是绝对不会有的。进了城墙，就是宫城了，有八条横穿的大街，一般当时的规格有12米左右，城市的主干道会很宽些。这个道路是什么样子的？中间有路，两边有排水沟，旁边还有路，虽然是一条路，但事实上是三股道。为什么分开？在等级

汉长安城城门与街道构造示意图

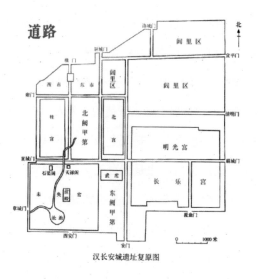

道路

汉长安城遗址复原图

社会里，皇帝能走中间，而老百姓只能走两边的路。

有一个很有趣的故事。桂宫在西北部，南边是未央宫。汉元帝时元帝找太子有事，说你赶紧过来，父皇我找你有急事，但左等右等太子不来，怎么回事？因为从桂宫到未央宫是有横穿的大街，横穿大街必然跨过那个中间的路。但那个路只有皇帝能走，太子没有权利走，只能转弯过来。汉元帝一听，挺好的，我儿子很懂规矩。准许太子以后可以跨过去了，而其他人还不能跨。所以长安城内皇帝能走的路是干干净净的，而两边车轴印多得不得了。

罗马不是一日建成的，长安同样不是一日建成的。萧何做了几件事，第一把长乐宫修了，为什么修？因为长乐宫在修的时候，称为新乐宫。新乐宫项羽没太破坏，修修补补就可以住人了，刘邦就先暂时住在长乐宫。未央宫也陆陆续续修建起来。刘邦去世后，刘盈开始修筑城墙作为防卫。长安600里以内的老壮劳力14万多人，再加上诸王派遣的3万人，终于把长安城修好了。到惠帝时长安像个城了，不只是空荡的两个宫殿。汉武帝时工作量就更大了。太初元年（公元前104年）修了建章宫。为什么修建章宫？因为宫殿着火了，无数人说，汉武帝你要修更大的房子才能镇住，所以他修了建章宫，这是个非常大的宫殿。

过了两年，汉武帝又在长乐宫北边修了明光宫，又修了北宫、桂宫等。还建了个靶场，把上林苑做了扩展。汉武帝是非常有作为的皇帝，为汉代建筑做出了突出贡献。北京是沿着坐北朝南的一条轴线，长安

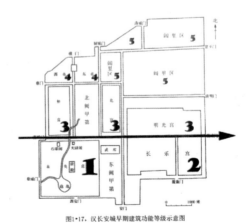

图1-17，汉长安城早期建筑功能等级示意图
（底图据：中国社会科学院考古研究所等；
《汉长安城桂宫1996-2001年考古发掘报告》，2页）
图中1-5，代表功能区域重要性依次递减；→，代表城市朝向

长安城布局

城的轴线则是朝东的，而且只有一条东西向的干道，其他路都是半截路，只有这条干道贯通全城。

长安城布局的原则有哪些？第一个是方形，君子有方，未央宫是近方形的，整个长安城其实也是近方形的，受自然条件的约束，在一些地方有所拐弯。第二个原则是朝东尚西，未央宫在整个城市的西边，建章宫在未央宫的西边，西为上。第三个原则是崇高，最高的地方是皇帝住。

长安城面积很大，人口很多，问题也接踵而至。第一个就是喝水，水是万物之源，水利问题很重要。长安城的水以渠道用水为主，引水入城，进了城之后行在未央宫，折取桂宫、北宫、长乐宫，最后出城进了漕渠。最好的上游水先供给皇帝所在的未央宫，剩下的供给其他宫殿，基本上使完了。老百姓自己开一些水井取水使用。城里的水解决了，但不是很稳定。汉武帝把上林苑扩大之后，就修了中国最大的人工城郊型水库——昆明池。修昆明池本身不是为了解决水利问题的，实际上解决了一个很重要的问题，张骞出使西域回来后提供了一个很重要的线索，说可以开西南丝绸之路。开始的时候不错，还开得好，但是没几天就被西南夷所阻。汉武帝很生气，决定修昆明池，改走水路。汉武帝后来准备打南越，准备海战。把昆明池进一步扩修，昆明池达到了一个很大的规模，能装下十丈高的水船。这个传统一直延续下来，现在南京的玄武湖，原来就是练水军的，也叫昆明湖。清朝，颐和园里也有昆明湖。光绪十三年的时候，北京设水师学堂，也叫昆明湖水师学堂。所以西安的昆明池是中国海军的传承。

水的问题解决了，那吃的怎么办？关中是天府之国，但是所有的地方都有承载量，养原来的关中人是没有问题的，但外来人口大量涌入长安城，粮食不够了，只好从外地运粮至长安。沿着黄河往西走，进入渭河，这条路就是传统的运输路线，部分解决了粮食问题。但渭河是季节性河流，所以又挖条人工水渠，更省钱省时。旁边的农田可以得到灌溉，增加了大量的农田。司马迁称其为大便利。

吃喝问题都解决了，衣食住行，行也是生活中很重要的部分。长安城往南边走是上林苑，上林苑戒备森严，所以往南是走不成的，南边还有秦岭，交通更是不便。西边也是上林苑，还有建章宫，也不通，所以长安城的交通只有朝东和朝北两个方向。从现在的考古发现看，大部分往东的路是过了灞桥走过去。向北的话要过渭河，渭河上是有桥的。从 2012 年 6 月开始，陕西省考古研究院、中国社科院考古所和西安市考古研究院联合组成了渭桥考古队，在渭河沿线做考古发掘，发现有五座桥在城门外，在草滩还发现了一座桥，时代从战国一直延续到唐代。翻过桥，四面八方就都可以走了。

渭河上也有船。春秋时期的秦晋之好就是秦国收到了晋国的求援信，秦国就顺着渭河运来了粮食。渭河上有船的历史很长，从春秋战国时期一直延续，到了汉代的漕运，从黄河到渭河也是用船的。原来一直没发现汉代长安的船是什么样子，很幸运的是2014年的时候发现了一艘两截的船，复原以后长是9米多，宽有2米，高68厘米。根据文献，一艘可以装3吨到5吨粮食。这个船和罗马的船很像，使我们对整个东西方的技术结合、交流产生了更深刻的理解。

西安是丝绸之路的起点，但丝绸之路的起点在西安的什么地方？甘泉宫？未央宫？渭河桥？大唐西市？都不对。如果把丝绸之路作为一条路的话，路的起点在哪？"长安万里堠，日日送远行。"万里堠在哪？长安城西边有个门，外边立了一个土做的台子，就叫万里堠。我再问大家一个问题，中国公路的零起点在哪？在2006年之前没有任何人知道，在2006年，我们在北京正阳门外才做了一个零起点的标志，中国的公路才有了零起点。张骞从哪走的？汉武帝为了方

便修茂陵，修了西北桥，然后直接走的。桥是建元三年修的，所以张骞走的时候没走西北桥，应该走的是厨城门桥，俗称门桥，很可能这是丝绸之路的起点。

长安城的大体结构已经给大家做了介绍，但分分合合、朝代兴衰是历史的趋势。到了隋的时候，长安城已经有800年历史了，地下水已经不能喝了。隋代的皇帝开始搬家。开皇二年（582），杨坚决定修大兴城，长安的首都时代从此结束。大兴城到唐代的时候也叫长安城，唐代灭亡后整个首都搬到了东边的开封，长安失去了首都的地位。

20世纪前半叶徐旭生先生、黄文弼先生曾对长安城进行考察。1956年中国社科院考古所成立了专门的考古队，对长安城进行考古工作。经过60多年考古学者一系列努力工作，对宫城、陵、上林苑都有了新的发现。对长安城的考古工作还在有条不紊地进行，文物的保护也得到政府更多的重视。 1956年文保单位设立，长安城成为全国第一批省保单位。1961年，成为第一批国保单位。2014年，成为联合申遗的项目，列入了世界文化遗产项目。2014年6月22日汉长安城又成为世界文化遗产，对长安城的保护将是一个非常伟大的事业。2017年年底，国家文物局宣布未央宫遗址作为国家考古公园正式挂牌。经过几十年的工作，我们对汉长安城有了基本的了解。我相信随着整个考古工作的推进，我们可以看到更加丰富的未央宫、长安城，让人们能感受到大汉王朝更多的魅力。

1300 多年前，中国经历过一个特殊的时期，后来历史学家评价它为贞观之治。贞观是唐太宗的年号。唐太宗是唐代的第二位皇帝。我们知道，唐太宗是通过玄武门之变上台的，公元 626 年的 6 月 4 日，他发动了玄武门政变，从此掌握唐朝政权。贞观后来成为一个典范，成了后世所有政治家都要认真学习的榜样。今天我们也是从积极正面的角度看待贞观之治，看待我们曾经经历过的历史。贞观之治到底为什么那么吸引我们，乃至 1300 多年以后的今天，我们还津津乐道？

对贞观之治的历史成绩，学术界有所总结：第一，贞观之治创造了君主时代高度的政治文明。贞观时代是怎样实现了政治文明？这是一千多年来贞观之治长期吸引我们的重要原因。第二，贞观之治创造了古代和谐社会的典范。创建和谐社会仍然是当代中国社会治理的目标，古代的社会和谐对我们今天会不会有什

※ 作者简介：孟宪实，中国人民大学历史学院副院长，教授、博士生导师。

唐太宗

么参照？我们是不是能从中汲取经验？答案是肯定的。第三，贞观时期，唐太宗被奉为天可汗，是天下共主，为中国赢得了十分崇高的国际地位。第四，贞观之治为唐朝三百年的基业打下了良好的基础。唐朝618年建国，907年亡国，将近三百年。三百年的王朝，统治那么大的一个疆域，靠的是什么？靠的是制度先进，是长期历史积累下来的。过去我们讲中国历史，讲中国文明，很少提到制度先进，那今天我们分析关于唐代的制度先进的问题。

　　最核心的问题就是权力的理性，今天我们说要把权力关在法治、理性的笼子里。贞观时期就是一个典范。最高权力的拥有者，如何理性运用手中的权力，除了权力的运用以外，贞观时期，特别重视民生，以人为本。以人为本是传统儒家的政治主张，是政治理论最核心的部分，一般叫作民本主义思想。民本就是人本，这个词的改变也和李世民有关系。李世民成为皇帝之后，他的名字成了忌讳，书籍中凡是遇到民的地方就改了别的字，比如说改成人，所以说以民为本就改成了以人为本。今天以人为本仍然没有褪色，值得我们注意。贞观时期是怎么以人为本的，对我们有重要的启发意义。我们从历史事件中看贞观时期唐太宗如何处理政务。

贞观元年，唐太宗统治之初，发生了一件事，中书省的长官封德彝向唐太宗建议，因为现在国家的兵力有点不足，当兵打仗的人数不够多，甚至站岗放哨的都不够了，那么办？封德彝和唐太宗讨论，他建议增加兵员，怎么增加兵员？以前男子20岁成年以后才能正式当兵，要扩大兵员，就要降低男子服役年龄。20岁到60岁叫成年男子，这是唐代的一种年龄管理的办法。"始生为黄，四岁为小，十六岁为中，二十为

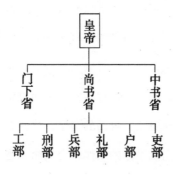

三省六部制简图

丁，六十为老。"六十岁以后就不能再当兵了。要扩大兵员，怎么扩大？不能征调六十岁以上的老人服兵役，所以就决定往十六岁到十九岁中男层次的男孩扩。唐太宗觉得这也是个没办法的事情，既然兵不够多，那就扩大吧，就同意了。中书省于是照拟，这时候引入了三省制的概念。

三省制是从汉朝一点一点积累，到隋唐时候成为唐代中央制度。三省制是什么？中书省、门下省、尚书省，三个省，这就叫三省制。中书省替皇帝拟诏，替皇帝书写命令，一般是中书省和皇帝商量清楚了，或者根据皇帝的命令开始书写诏书。在唐代，文人的最高理想就是到中书省去工作，替天子立言。但是皇帝的命令不是中书省写完就算成立了，还有一个流程是从中书省要转移到门下省。中书省写好了诏书送到门下省去审核，这是门下省的重要工作职能。封德彝他们起好了诏令，交到门下省，门下省正赶上魏徵值班。门下省的官员都有审核的权力，魏徵那时候还不是门下省的领导，但是他很有责任心。他审查了这个新的命令，见说中男也可以当兵以后，觉得不对，这里提到门下省的权力是什么？如果同意中书省来的皇帝命令，他就要签上自己的名字，这叫署敕。把名字写上去，就完成了他的工作，交到尚书省去执行，如果门下省不同意，他要写出不同意的理由，再把这个文件返回给中书省，这就是驳回了。魏徵觉得这个新的命令不对，有问题，他写了两条意见。第一，原来的法令昭告天下规定得清清楚楚，20 岁成丁以后才能当兵，现在下了个新指示，说 16 岁也可以当兵了，这不自相矛盾吗？违背了自己原来公布的法律。第二，为什么法律规定 20 岁才可以当兵，因为 20 岁以前未成年，未成年是什么意思？是身体还在成长，不适合做成年人的工作，所以不能让中男去当兵。写了两条意见，驳回了。

中书省看了门下省的驳回意见，就得认真考虑。第一条，没办法处理，要增加兵员。重点考虑第二条，中男在长身体，那怎么办？好吧，中书省重新起草诏

魏徵像

令，这一次规定，18 岁、19 岁的中男可以当兵，你说他长身体，那小的就不要了，要接近丁男的，可以了吧？于是，第二次指示下来了，皇帝的命令第二次下发，到了门下省。因为前一个事情是魏徵处理的，现在还得魏徵继续处理。魏徵一看，他的意见没有得到充分反映，于是就把原来的意见照抄一遍：第一，违背法律。第二，中男正在长身体，又驳回中书省。中书省又研究之后，第三次下达指示，中男 18 岁、19 岁，身材壮大者，可以当兵，继续往后退一步。魏徵一看身材壮大也还是中男，所以又抄了一遍，继续驳回。事不过三，这相当于两个部门意见不一致，没完没了。这时候就需要开御前会议，继续讨论这个问题。

唐朝中央决策有个会议系统，并不是什么事都是皇帝说了算，如果大事小事都是皇帝说了算，没两天皇帝就累死了。所以要有几个层次的会议。第一层会议叫八座议事，是尚书省的六部尚书，吏户礼兵刑工，六个部的部长，再加上尚书省的左右仆射，一共八个人，叫八座议事，相当于我们现在的国务院部长会议。八座议事能解决的问题不上交；解决不了，就上交给宰相会议。唐代的宰相不是汉代的宰相，汉代的宰相叫丞相，只有一个人，唐代的宰相是一群人，中书、门下、尚书省的长官都是宰相。宰相在政事堂开会，这就是政事堂会议。宰相们讨论清楚了，那就定了，宰相们也讨论不清楚，这就得请示最高领导人——皇帝。皇帝再召开御前会议。唐太宗主要在两仪殿开会，所以也叫两仪殿会议，所有的事情都必须在这个环节解决。关于中男当不当兵的问题，变成了两个宰相部门讨论的问题，中书省一个意见，门下省一个意见，政事堂开会没有讨论清楚，召开了御前会议。魏徵代表门下省发言，中书省说我们兵员如何如何少，不得已。魏徵发言，讲了两个意见：第一个意见，军队的主要职责是打仗，平时要提高战斗力，加强训练，人数多没有用，练兵练得好，照样以少胜多。第二个意见，竭泽而渔，所有的劳动力都用完了，明年真的出现了紧急情况，比如突厥入侵，没有人怎么办？魏徵讲完了，唐太宗觉得很有道理，就问中书省，你还有什么意见？中书省宣布撤回，我们原来的意见不对，想的没有门下省周全，中男当不当兵这一问题颇费周折，终于解决了。

三省制费时费力，但很有意义。第一，魏徵的政治思想具有长远眼光，所以他能说服皇帝，说服其他同僚。第二，三省制的这种机制下，门下省有权发出否定的声音，即使皇帝批准了，门下省该否定还否定。我们讲中国制度，过分强调皇帝说了算，其实个别皇帝如此，而像三省制这样彼此牵制、平衡的制度，是中国对世界的重要贡献，避免了一人独断专行，而是群体共同决策。

贞观八年，发生了一件事。长孙皇后看好了郑仁基的女儿，唐太宗也喜欢，准备纳为妃子。郑仁基是隋朝的官员，他的女儿在长安很有名。皇上结婚有一大套的手续要办，还差最后一道手续的时候，魏徵又来"作对"。魏徵提供了一个不太好的消息，说郑仁基的女儿已经跟别人订婚了，男方叫路爽，是一个年轻的读书人。唐朝订婚相当于结婚，皇帝你该怎么办呢？唐太宗很不高兴了，就问专门负责本次婚礼的房玄龄。房玄龄赶快去了解，郑家说哪有这事，路爽也说从未与郑家订婚，还给皇上上书一张。唐太宗还是有点不放心，没订婚怎么会有订婚的说法呢？魏徵说订婚不是秘密行动，很多亲戚朋友都要参加，大家都知道，不承认是担心皇上报复。

唐太宗认为，这事不怪人家，怪我自己，不能什么事都赖群众觉悟太低，是我们工作没有做好。贞观八年以来，我们兢兢业业，就是要取得人民的信任，这个事证明百姓对我们还是不信任。唐太宗决定昭告天下，专门下达了一个命令——停婚诏，是停止结婚的诏书，皇帝的诏书是要颁发全国的，让全国人民都看看，我是不会报复的。

这件事情史称"魏徵谏大婚"，皇上的大婚被魏徵搅黄了。有人说魏徵真讨厌，好好的婚礼给弄没了。但唐太宗没有怪罪魏徵。因为皇帝作为国家象征，一举一动都代表国家权威，也会被史官如实记录。魏徵想得深远，唐太宗知错能改，体现了贞观时期的政治理性。

贞观之初，唐太宗还前后四次放出三千宫女。放宫女有三大好处：第一，节约政府开支，不再需要供养额外的宫女。第二，随人性，宫女可以结婚生子，过正常人的生活。第三，增加人口。体现了唐太宗理解民间疾苦，节约民力，轻徭薄赋，藏富于民。

唐太宗怎么这么有觉悟？因为隋朝就是在民心方面吃了大亏，隋朝征收了很多粮食，所有粮仓都是装得满满的，但是发生自然灾害的时候，却不开仓放粮，隋末农民起义也因此发生。唐太宗经常说："水以载舟，水以覆舟，君者舟也，民者水也。"国家富强是一方面，但也一定要藏富于民，对百姓要更好一点。贞观十八年，唐太宗还写了一本书留给太子李治，主要讲两条经验：第一是要跟大臣多商量，多纳谏；第二，对老百姓更好一点，百姓的事情做好了，其他事情才能做好。

整个贞观时期，像魏徵一样好的官员实在是太多了，虽然也有少量的贪官污吏，但廉洁的官员是主力部队。贞观时期官员廉洁到什么程度？举个例子。贞观二十一年，工部尚书李大亮去世了。他负责所有重大工程，同时也是左卫大将军，负责长安的安全。大家对他的财产进行了清理，发现他们家只有几十匹布，几十斗米，再也没有其他东西。李大亮家穷到什么地步？唐代人死后的追悼会，嘴里要放口含，通常是一片玉，李大亮家连一块玉都没有。按李大亮的俸禄来说不应该这么贫困，那钱到哪里去了？因为李大亮当过将军，生前曾接济无数的战争孤儿，他死了以后，至少有十五个战争孤儿像对父亲一样为李大亮守孝三年。李大亮还曾经做过土门县的司令，刚到了土门县的时候，土门县发生了严重的旱灾，百姓没吃的。按照国家的法律，允许百姓出外逃荒讨饭。可是今年去讨饭，庄稼没人，明年还没有粮食。所以李大亮就和百姓说，最好不要去，我们先种庄稼。可没钱买种子，李大亮就把他骑来的那匹马卖了，换种子发给灾民。灾民们受了鼓舞，大家有钱出钱，有力出力，迎来了大丰收。李大亮穷到连一块口含都没有，却始终心系百姓。

魏徵也是廉洁官员中的一位代表。魏徵很早就做了宰相，是三品大官，却因没盖家庙被监察御史告发。皇上找魏徵谈过话，魏徵承诺一定盖，但一直拖着不盖。贞观十七年正月，魏徵病入膏肓，唐太宗突然想到，魏徵家的家庙还没有盖成。于是唐太宗下令后宫正在盖的一个殿停工，用那个殿的料，给魏徵盖了一个家庙。魏徵为什么会一直拖着不盖？战乱之后，每个人都有无数的穷亲戚、穷朋友，魏徵因为要先救济亲朋好友，不得不先将建家庙这事延后。

贞观时期大家还比较贫穷，但是他们却给我们留下了宝贵的贞观精神，告诉我们金钱不是重要的，重要的是要有廉洁精神。贞观精神一直鼓舞着整个唐朝，我们的祖先，贞观时的理性精神、廉洁水平，达到了那样的高度，我们今天没有理由比他们做得更差，只有做得更好。贞观之治是中国人的宝贵精神财富。我们应该时时提醒自己，守住传家宝，将中国建设得更好。

隋唐时代是一个佛教非常昌盛的时代，可以说社会的各个角落都在佛光的照耀之下。今天我所讲的佛光下的唐文明，内容非常丰富。其实随便就可以举出很多例子，比如说我们的语言中很多词来自佛教，如世界、方便、实际、一刀两断、皆大欢喜、心心相印。日常生活，乃至于风俗习惯也受到了佛教非常多的影响。在佛教传入中国以前，我们是不过生日的。佛教传入之后，才有过生日这个习俗。佛教传入中国之前，城市的结构分为官的空间和民的空间，是一个二元的结构，国家祭祀的空间里面，普通大众是进不去的。但是佛教传入之后，佛教寺院的兴建，提供了一种类似于公共空间的范畴，所有阶层都可以进去，对社会的面貌和城市整体的图景都有很深的影响。佛光下的唐文明主题很大，内容十分丰富，所以我们今天通过

※ 作者简介：孙英刚，普林斯顿大学博士。浙江大学人文学院教授、博士生导师、东亚宗教文化研究中心主任。中国魏晋南北朝史学会理事、中国唐史学会理事，《佛教史研究》主编。本文根据作者原刊于《读书》2016 年第 1 期文章略有改动。

浙江大学　孙英刚

两个剪影，通过两个具体的方面，来讲述佛教如何影响唐代文明。

第一个层面——政治文明。政治文明的核心问题是王权，我们谈一谈佛教对王权有什么样的影响。

唐代是一个佛教繁荣的时代，但如果我们只读两唐书和《资治通鉴》，可能读不出什么佛教影响，也读不出佛教繁荣的图景。因为那里除了几个邪恶的政治和尚与玄奘、僧一行这些特殊角色或是有技能知识的高僧之外，看不到什么佛教的影响。但事实真的如此吗？不是的，其实佛教对于中古的政治文明、理论、实践都有很多影响。从大家熟悉的武则天讲起。武则天是怎么当上皇帝的，她登基的仪式情形是怎样的？《资治通鉴》有相关记载："长寿二年，秋九月丁亥，魏王承嗣等五千人，表请加尊号曰'金轮圣神皇帝'。乙未，太后御万象神宫，受尊号，赦天下。作金轮等七宝，每朝会，陈之殿庭。"其中有两点值得我们注意，因为非常奇怪，一是武则天的头衔，她的头衔是"金轮圣神皇帝"，为什么叫金轮圣神皇帝，为什么加了"金轮"？这并不是中国本土的政治传统。另外一点，她做了七件东西，所谓七宝，每次开会或在重要的政治场合就把这七件宝贝摆出来。我们再看一下《新唐书》的记载，其中有更详细的信息，尤其是七宝的详细列表。这七件礼器是金轮宝、白象宝、女宝、马宝、珠宝、主兵臣宝、主藏臣宝，每次大朝会都摆出来。武则天的头衔和礼器显然不是传统儒家政治的做法。她为什么要用这样奇怪的头衔和标志？到了宋代人们就已经搞不清了。欧阳修等人在修《新唐书》时给了自己的解释，武则天为什么称"金轮圣神皇帝"，是用了中国传统的天子理论——五德终始，五个德运依次更替的逻辑。唐代是土德，土生金，所以她以"金"冠称，为"金轮圣神皇帝"。这个解释听上去有一些道理，但对吗？不对，因为武则天并没有改变自己的德运，她的德运还是土德，并不是金德。这也反映了唐宋虽然时间是衔接的，但是知识和信仰的结构，发生了非常大的变化。

七宝这个标志对于武则天政权非常重要，在她的政治宣传中频繁出现。我给大家举一个例子。在武周时期比较重要的《大周勘定众经目录》中歌颂自己：我大周天策金轮圣神皇帝陛下，道着恒劫，位邻上忍。其中有一段话很值得我们注意："金轮腾转，画眼四周，宝马飞行，身轻八表。"这样的表达就是七宝中的一部分，把武则天描写成一个佛教君主，是佛教的转轮王，并不是传统的天子理论框架，而是用一个新的理论描述的。佛教的宇宙观是四大部洲，就是统治整个天下，这些描述表现了武周时期是用佛教的语言来描述君主的。还有个有趣的细节，武则天在登基时做了个小小的改变。她的儿子睿宗，在武则天登基之后就退位了，退位之后就作为皇嗣。武则天把睿宗李旦改名为武轮，武周皇帝姓武，继承人自然也要姓武，旦和轮都是表示圆的，那为什么费劲要改呢？其实是用一套佛教的王权观内容来进行政治的包装。

简单地讲，几乎所有的宗教体系，任何的意识形态，都是要解决一个问题：什么样的统治者才是理想的统治者，什么样的王权才是理想的王权。中世纪欧洲阿奎那、奥古斯丁这些基督教的学者，他们也要探讨这个问题，什么样的统治者才是一个理想的基督教君王，佛教也面临同样的问题。对于儒家学说来讲，就是所谓的"顺乎天，而应乎人"，上顺乎天命，下顺乎人心，这样的统治者就是好的统治者。但佛教有一套另外的系统。我们本土理念中的皇帝，不是一个概念，而是一个非常复杂的信仰和知识。天子是什么？天子的核心理念是天命，他受上天的委托和天命来统治人民，如果他统治得好，就会有祥瑞出现；如果统治不好，就会有灾异降临。如果他统治实在太好了，他会去封禅，跟上天汇报工作；做得太不好，就是失去天命，天命要从这个家族转移到另一个家族。这个转移的过程基本可总结为两个途径：一个是禅让，通过一种和平的方式从这个家族转移到另一个家族；二是如果拒绝禅让，就是汤武革命，通过暴力形式进行权力的转移。

但是佛教对于理想君主的看法，另有一套自己的系统。比如说佛教的君主转轮王，他的合法性从哪里来？是累世功德的集聚，经过反反复复的修行，才有资格来统治人民。他是一个理想的君主，在他的统治下老百姓生活很幸福。另外，很重要的是理念，他是一个统一的君主。在佛教的转轮王理念传入中国之初，这个概念和性质就被反复强调。他不是一个小国统治者，而是一个统一帝国的君主。隋文帝有非常大的功业，统一了南北，可以去封禅，并且有记载大臣们建议他去封禅，但是他拒绝了，为什么？因为他有另外一套选择，选择用佛教转轮王的理念来巩固统治。就是通常所讲的分舍利建塔，派出官员和僧人到各个州县去建立佛塔，安放舍利，从上而下全国范围内进行宣讲，来达到统一思想、巩固统治的效果。这和中国传统的理念是不一样的。转轮王是佛陀的世俗对应者，是政教分离的体系，转轮王和佛陀都有三十二相，佛陀是精神世界的最高导师，转轮王是世俗世界的最高统治者。这个理念从起源到传入中国很长时间都是得到贯彻的。还值得我们注意的是，他们对应的身份目标不一样。

中国天子的身份标志很多，其中有一个叫作九鼎，也就是只有天子才能用九个鼎吃饭。如果挑战天子权威，就是问鼎中原。转轮王的身份标志不是九鼎，而是七宝。还有件有意思的事情，武则天时代曾发生过大火，她的明堂被焚毁了，所以她的七宝很有可能也没有保存下来。在重修明堂时遭遇了非常大的阻力，尤其是持有本土立场的大臣们，给她很大的压力。对她利用佛教的意识形态来包装统治，有很多反对意见，所以没有再修复七宝，取而代之的是九鼎。有学者分析，这一行为具有象征意义，是从佛教的意识形态到中国传统本土的一种复归，反映了当时两套系统之间比较复杂的关系。我还要讲一讲为什么武则天能当上皇帝，并不是她个人很聪明、很残酷或者其他因素，很大原因是这个时期的知识和信仰系统和其他时期不一样。当时佛教处在一个主导思想地位，大众们都认知这种同向、知识。如果你回到唐朝，随便问一个唐朝居民，他可能对转轮王的理念非常熟悉，他觉得这就是常事，但对我们来说是非常晦涩的。植根在这样的氛围内，所有的政治宣传要被大众所接受，前提是大众要能理解这中间的逻辑，回到唐代给他们讲现代的政治理念，他们完全不能理解。武则天登基时重新翻译了佛经，佛教原典，佛经里记载的事于经有证，它有合法性，有说服力。其实在以前已经翻译过了，但武则天又请了高僧重新翻译一遍。为什么非要重新翻译？如果我们仔细对比几个译本，武则天重新翻译的这个版本，加入了一些内容，通过佛的话来讲。佛告诉武则天说：天子以是缘故，我涅槃后最后时分，第四五百年法欲灭时，汝于此赡部洲东北方摩诃支那，位居阿鞞跋致，实是菩萨，故现女身，为自在主。这说得非常直白，在我涅槃后四五百年，你会以女身在摩诃支那国当统治者。当然这还是有理论上的困境，不是说武则天能坐上皇帝宝座是因为佛教的传入给她提供了一套可以替换的政治理论，而是说在原来的政治理念里面她是成不了皇帝的，佛教给她提供了一套另外的解释系统。

但这么讲还是有点粗浅。对于女人来讲，佛教里面有个困境，女人有五个身份不能做，不能做转轮圣、帝师、大梵天王、阿比巴支菩萨、如来。但武则天新译的经典，在理论上清除了全部的障碍。我们也要理解，经书实际都不是给精英读的，是要到各个州县去讲的，进行全国范围内的宣传。所以这是非常重要的一个逻辑，并不是谈到政治史就是权力和阴谋，谈到佛教就是高僧和君主之间互相利用的机会主义，完全没有理论和信仰的成分在里面，其实不是。转轮王的理念翻译进来，这个词可以说在佛教传入之初，就已经被翻译得五花八门。对我们来说最熟悉的是转轮圣王，在中古时期非常流行的叫法是飞行皇帝。令人奇怪，皇帝怎么会飞行？皇帝不会飞，只是转轮王的一种翻译，为什么这么翻译？我想是中古时候人们认为转轮王有七宝，他有马宝、象宝，可以早上在北京，下午就到上海，这样就对语言、宣传有很大的影响。我举个简单的例子，唐初，有人给唐高祖李渊上奏章，描述李唐时方印驾七宝而飞行，导千轮而轻举。如果你不了解当时的知识背景，就很难理解，为什么他要飞行？有个很著名的高僧道寺，是佛教的精英，对转轮王的理论非常熟悉，他说，飞行皇帝统治天下，如果谁不服了，七宝就会摧毁敌人。另外很有趣的是隋代歌颂隋文帝的龙藏寺碑最后两句："隋文帝飞行而见宏名，仪仗而生大宝。"还有玄奘，玄奘是一个有政治敏锐性、善于与君主打交道的人，在给唐高宗的奏章里说皇帝陛下金轮在运之类的表达，把唐高宗及李世民都称为转轮王。实际上他自己信不信？他在《大唐西域记》里发了一篇议论，说转轮王起码要统治一洲，但现在有四个君主，所以我们这时代没有转轮王。但这不影响他和皇帝打交道，他非常热情地把所有皇帝都称为转轮王。

把视野放到整个亚洲世界，因为佛教的兴起传播不只是中国的事件，而是整个人类世界的大事。考察其他地方的情况，对帮助我们理解中国文明自身的轨迹也是有帮助的。我们再一起看一个印度—希腊王国君主。这个君主很有意思，他是希腊后裔。一看他的钱币，就知道他是有希腊传统的君主，但他统治的领域是巴基斯坦和印度西北部。他非常幸运，在佛教文学和西方古典史书都有记载，能得到他很多的信息。

他的钱币现在藏于大英博物馆，一面是棕榈叶，另一面是金轮，就是武则天头衔上的金轮，或是武则

印度—希腊王国钱币

天摆在朝廷上的金轮，七宝之一，身份的标志。无论是印度学家那拉，还是古典学家塔恩，他们都对这点没有疑问。唯一有争议的，就是他是不是用了佛教的意识形态。他金轮上的八条车辐，是不是象征了佛教的八正道。出土的文献显示，他统治的时期，佛教和王权关系比较密切。我们再看看和中国关系更密切的贵霜帝国情况，可能大家对贵霜帝国不太熟悉，实际上这个帝国对中古文明有很大的影响。佛教其实从理论、事实上来讲，不是直接从印度传到中国这么简单。它是在贵霜地区进行酝酿、再造，然后飞跃进入中国。所以佛教的很多理论要在贵霜地区来找。这个钱币很有意思，正面是国王的形象，背面是佛陀的形象，不用给大家讲这个铭文，也知道他是佛陀，他有背光。铭文是希腊字母，意思就是佛。等于一面是君主，一面是佛，用看图说话的方式反映了佛教一个非常典型的理念——转轮王和佛的对应关系，也是教权与王权的关系。这个印度希腊王国的君主对中国影响非常大，历史上被称为迦腻色伽或迦王，是中国君主模仿的典范。它的另一个钱币，一面刻的是弥勒佛，而且铭文讲的就是弥勒佛。所以我们可以看出早在贵霜时期，对弥勒的信仰就非常成熟，至少政治上教权和王权的关系已经非常密切了。武则天用转轮王的理念来进行

包装，在长安建立了七宝台。现在七宝台已经不在了，但是它的一些浮雕、构件四散到美国、日本等国，我

印度马达斯邦
博物馆浮雕

们的宝庆寺也是七宝台的一个遗物。我讲这么多理论的东西，那么这七宝到底是什么？

这是公元前1世纪至公元1世纪，保存在印度马达斯邦博物馆的一个浮雕。像这样的浮雕在中印度有很多的发现，非常生动地描绘了转轮王。中间最大的就是转轮王，把领袖描绘得非常巨大是每个时代的惯例。转轮王周围围绕着四件东西，依次左前方是轮宝，然后是女宝，脚下一匹马和一头象，就是马宝和象宝，然后女宝对面高个的是主兵臣宝，矮个的是主藏臣宝。主兵臣宝是掌管军队、提供财政支持的，可以理解为将军和财政部长。除了这几

样之外，还有珠宝，这七件围绕在他身边，非常直观，表现为他是一个理想君主转轮王。仔细看可以看到从云端，具有方块的钱掉下来，反映的也是这样的意涵。佛教进入中国后，这个理念有没有传进来？因为佛教反反复复被摧毁，留下的文物也好，记载也好，数量十分庞大，但我相信被遗忘的更多。我们找不到中国君主有这样一个动作，但在文献部分，能找到相关的记载，比如说东晋时期翻译的中国梵经里有这样的表述，转轮王让黄金从天上掉下来，一直下黄金雨，下到埋没膝盖。可见这个理念传进来了，但艺术品没有保存下来。

如果把中间大个的转轮王换作武则天，其实就是我们正史里记载的武则天的做法。她在明堂建了七件东西，围绕着自己，来象征自己的身份。我们不知道她这七宝是青铜制造的还是石头雕刻的，还是找的真人。如果找的真人，那这个女宝是谁扮演的，是上官婉儿还是谁？没有任何记载。历史记忆很脆弱，会反反复复地洗刷，关于这个佛法的记忆已经变得非常淡薄了，很可惜，但是我们通过图像的文本、文献还能做一些复原。

吉美博物馆和大英博物馆描述的转轮王，两幅构图都是一样的。尤其是大英博物馆的上半部分构图，

是一个君主站立，七宝环绕着他。大英博物馆的构图
稍有不同，转轮王是坐立的，七宝环绕着他。武则天
坐立着就更像转轮王的样子，也可以看出其实中华文
明曾经是多么开放，并不是一个封闭的文明，乃至于
武则天的政治理念、王权理念都是受外来文明的影响，
将一些优良的因素为我所用。这些图片，君主都是做
这个手势，并不是平白无故地摆这个样子，而是有宗
教和政治意涵。在佛典里讲得比较清楚的，说转轮王
可以从天上、云端召唤下来粮食、衣服、金钱等给百
姓享用，所以这个姿势象征着这样一个性质。这是个
政治比喻或宗教比喻，比喻他可以给老百姓带来幸福
的生活。

以前学者有很多的怀疑，觉得转轮王只是在一个特定地域，对中国没什么影响。但实际上不是这样的。这套理论对中国政治及中古文明的影响太大了。经过我仔细搜寻，发现保存下来的文物很少，我还找到很多碑林的藏品，皇兴五年北魏时期的一个造像。造像正面是一个弥勒，弥勒是未来佛，它表明了未来的社会理想。背面像连环画一样描写了一些佛传的故事，在背面正中长方形的方格里面，仔细看是转轮王，这些人穿的都是中国衣服，是北魏时期的皇帝和大臣的装束。中间最大个的是转轮王。女宝、主兵臣宝、主藏臣宝都在天上飞，马和象都在脚下跑，轮宝在地上滚动，这是中国版本转轮王的图像，这是在 5 世纪的情形。这不是唯一的，其实还有很多。

　　这是安阳修定寺塔的一个佛教建筑，最早建于北齐时期。邺城是北齐的首都，根据记载修定寺和王权

安阳修定寺塔
单层方型舍利塔

的关系非常密切，修定寺这个建筑是不是在中唐重修过，现在还不能确定。这个建筑非常有意思，外边用了二十多套转轮王的七宝来做装饰，它上面画的是马宝、象宝、女宝，但这个女宝的审美应该是当时的审

大雁塔与玄奘

美观念，包括将军宝这些，可以看出佛教对中古时期的影响。

要讲的第二个话题，和大家关系更加密切一些。西安的大雁塔是一个历史的坐标，反映了佛教传入中国，中国成为佛教世界的中心。为什么它叫大雁塔，其实说不清楚，这也反映了历史记忆并不是十分可靠，很容易就断裂了。传统的解释，我们通常把它和玄奘联系在一起，前面立着玄奘的像，大雁塔是玄奘最初修建的。玄奘在印度建过一个塔，称为窣堵，这是一个外来词，翻译成汉语就是雁。他讲了一个故事，说这个寺院是修小乘佛教的。这里也顺道讲下大

乘佛教和小乘佛教的区别。最大的区别就是大乘佛教有一个菩萨的观念，菩萨可以成佛，但没有选择成佛，而是留下来拯救世人，这是大乘佛教重要的理念。小乘佛教是可以吃静肉，即自然死亡动物的肉。玄奘讲的故事内容是这样的：有一天修行小乘佛教寺院的僧人要吃午饭了，有个僧人就取笑大乘佛教说，如果真有菩萨的话，他就应该知道我现在很饿啊！结果天上正飞着的大雁，"啪"地就掉下一只，落在僧人的面前。大家都非常感动，果然有菩萨，认为大乘佛教优于小乘佛教，这个僧人也转而修行大乘佛教。玄奘在印度建了这样一个塔，回来他就在长安建塔时，给塔取名为大雁塔。那么是不是这样的？不是。近代学术成果显示古代人并不知道是这样的，宋代人也不知道大雁塔的命名和玄奘有关系，宋人张礼《游城南记》，他的解释是另外一套，塔底层装饰着雁，所以叫大雁塔。这种装饰在南北朝时期，襄阳确实有，雁塔这个词很久就有了，不是只被今天的大雁塔所垄断。我们翻检唐代的文献，不论是文集、佛教文献、石刻资料，找不出把慈恩寺塔简单描写称为大雁塔，雁塔名字是非常普遍的。那他们怎么称呼大雁塔？杜甫写了一首诗是《同诸公登慈云寺塔》，韩愈写了《长安登慈恩寺塔》。所以实际上大雁塔这个称呼是很晚的，中晚唐以前称慈恩寺塔或慈恩寺浮图，科举制度兴起后，有个做法是雁塔齐名，这样一个风潮兴起，将它称为雁塔，慢慢成为固定叫法。分为大雁塔和小雁塔就更晚了，明代有文举和武举，文举在慈恩寺这边，武举在荐福寺那边，称为小雁塔。很简单的总结就是玄奘不知道慈恩寺塔叫大雁塔，也根本没意识到把大雁塔称为雁塔。雁塔作为一个概念或者词语，在唐代文献里，仔细去分析，实际是佛塔的泛称，并不只将慈恩寺塔称为雁塔，而是所有的塔都能称为雁塔。

给大家举几个例子，初唐四杰王勃写了一首诗，诗里将普会寺的塔称作雁塔，沈佺期把少林寺里的塔也称作雁塔。实际上唐代把塔都称作雁塔。法门寺真身舍利塔也称为雁塔。武则天自己写的大佛仙寺大浮屠碑，把佛仙寺的塔也称作雁塔。可见无论是君主、知识分子，还是中央、地方，基本上都把佛塔称为雁塔。所以这个问题就变成了为什么在中古时期，雁塔变成了描述佛塔的词。我们再回到最基本的理念，就是雁和佛教的关系。玄奘的说法刚才已经讲过，还有的是佛教文献里经常说的桓娑。这个词汉语里翻译成雁，但缺乏文史资料，而其他地方的翻译情况，可以帮助我们理解。近代欧洲也翻译佛经，他们翻译得五花八门，天鹅、火烈鸟等，但印度没有天鹅，后翻译成斑头雁，这就很接近我们的了。鹅的形象不太好，在英语里有装腔作势、名不符实的意思，雁是比鹅更好的选择。我们继续考察桓娑的宗教意涵。桓娑在印度的佛教里面是实现涅槃，进而和舍利的信仰紧密相联。1861 年在塔克西拉出土的舍利容器，里面放的是佛陀的舍利，还有金箔，非常难得的是上面刻有铭文，铭文讲的是西瓦这个人，在桓娑里保存了一片佛陀的舍利，以此功德，祝愿父母获得更好的重生。它非常明确地指出外面这只鸟的造型，就是桓娑，和佛教的

大英博物馆藏
桓娑形水晶
舍利容器

大英博物馆藏
毕马兰舍利函

190

意涵基本一致。现在它保存在大英博物馆，金箔的实物不在了，但失踪前已经解读了，是坚实的证据。塔克西拉出土的舍利容器并不是唯一的，还有一个非常有名的毕马兰舍利容器。

舍利是佛陀的遗骨，身体的一部分。佛塔是更大的容器，用来保存舍利，相当于坟墓。在佛塔下有地宫。地宫中有保存佛陀的舍利容器。1830 年这个舍利容器在毕马兰发现，盖子没有了，非常珍贵的是发现了铭文，上面写着这是某人的神圣贡品，供养佛陀舍利。我们不讲它的艺术风格，有趣的是在每一个圆拱交接地方的上半部分，和每个中间部分都有一个展翅伸开的鸟的形状，实际上也是出现在舍利容器上的桓娑符号，显示它与跳出六道轮回、涅槃、舍利信仰是有关的。

这是迦腻色伽的青铜舍利函。迦腻色伽是非常伟大的印度君主，他的首都在相当于现在的白沙瓦地区，是贵霜时期佛教的中心，修有非常高大的建筑，其中有一个佛塔叫雀离浮图。1908—1910 年，英国考古学家在雀离浮图的地宫里找到了这件青铜舍利容器，舍利函因为有铭文，能考察出是属于迦腻色伽的。现在原件在白沙瓦博物馆，大英博物馆保存的是一件复制品。它里面的舍利，送了一部分给缅甸，缅甸当时也

迦腻色伽青铜
舍利函

是英联邦的一部分。这件舍利容器非常精美，在主体部分的上半部有一串飞翔的桓娑，嘴里衔着橄榄枝。在佛教的艺术品里面这种模板很常见，在别的舍利容器上面，也是成群飞翔的。政治性的艺术品和宗教性的艺术品不太能有差错，因为它事关重大，不是随便

犍陀罗佛像

画的，少一点或者多一点都是很麻烦的事情。所以宗教用品很多时候要考虑它的思想和宗教意涵是什么。

上页图是一个犍陀罗的佛像，这个佛像比较有特色的地方是在佛像背光和佛像之间，有成串飞行的桓

于田寺院出土的
建筑装饰品

娑，是和迦腻色伽舍利容器上出现的成串飞行的桓娑一样的构图，这也能反映出一种理念。

刚才讲的都是域外的，沿着丝绸之路一路向东就到了新疆了。我们再看看中国于田寺院出土的建筑装饰品。这两个东西是一件，左边的是一个桓娑，是成行的，但不完整，天花板和墙壁交接的地方装饰了一圈桓娑的纹路，用这样的形式画出神圣的空间。

　　克孜尔 69 窟的壁画，可以更清楚地看到成串飞行的桓娑，有的嘴里噙着橄榄枝，用这样的形式来表达佛教的基本理念，使人易于理解。

　　大雁塔的得名并不是那么简单，这个名字所植根的是最基本的佛教理念，所反映的是中外文化交流的光芒，更是唐代世界主义文明的一个注脚。

　　文物承载灿烂文明，传承历史文化，更是祖先留给我们的记忆。让我们一起走近唐三彩，去感受大唐的自信、从容、开放和包容。

　　唐三彩的名称是 20 世纪初出现的，清政府在修陇海铁路时，在洛阳的邙山发现了很多彩绘陶器，五颜六色，唐三彩的名称就此产生，这些器物随之被运到了北京，受到了著名学者王国维和罗振玉的关注和赞赏。从此，唐三彩被发现、被认识。

　　唐三彩属于低温釉陶器，是二次烧造而成的。第一次在 1000℃到 1100℃的高温下烧造成素胎，然后上釉，在 850℃到 900℃的温度二次烧造而成。斑斓璀璨的唐三彩是以黄、绿、白三色为主的，这里的"三"是多的意思，并不只有三种颜色。唐三彩的工序非常复杂，主要有选料、制坯、晾坯等工艺过程。

　　唐三彩实际上体现了大唐的一种自信、从容，唐三彩的人物俑在脸部是不上釉的，它使用的是开像的

西北大学　尹夏清

※ 作者简介：尹夏清，西北大学艺术学院文物与博物馆学教授。陕西省文物鉴定委员会副主任委员兼秘书长。

技术，还开创了多种颜色釉，为明清的彩瓷奠定了基础，明代的五彩瓷和清代的素三彩都是受了唐三彩的影响。

三彩腾空马

这件三彩腾空马马上是一个胡人。胡人并不是一个蔑称，是对西北少数民族和中亚西亚游牧民族的一个称呼，这件三彩腾空马是马腾空而起，胡人端坐在马上，像是一个少年，一路疾驰来到大唐追梦。

唐代是中国封建社会的鼎盛时期，经济繁荣兴盛，文化丰富多彩，发达的物质文明为精神文明奠定了基础。唐三彩，就是这一时期产生的一种彩陶工艺品，它因生动传神的造型和色彩绚丽的釉色而引人注目，它展现了大唐全盛时期的神韵和风采。在什么样的社会条件下会产生如此栩栩如生的工艺品？它的背后又有哪些不为人知的故事？

唐代盛行厚葬之风，斑斓璀璨、雕饰如生、偶人像马的唐三彩就在唐代这样的社会环境下产生了。根据当时记载，唐三彩的数量是有规定的，比如三品以上九十事，就是90件唐三彩。实际上考古发现，懿德太子李重润的墓就埋藏了一千多件彩绘陶俑和唐三彩，他的妹妹永泰公主也有八百多件彩绘陶俑和唐三彩，都有僭越。

　　唐三彩起源于西汉的釉陶器，西汉的釉陶有酱釉的云纹、陶奁和绿釉的陶壶。除了这些器物之外，还有乐舞俑等，南北朝的时候出现了双彩或单色釉的釉陶器，这都为唐三彩的产生奠定了很好的基础。

　　这是北齐车骑将军李云墓出土的一件四喜罐，另外一个绿釉陶罐是隋代丰宁公主墓葬出土的。隋代丰宁公主是杨坚的孙女，墓志中没有记载她的父亲，考古学家根据文献、器物推测，她应该是杨坚的长子杨

四喜罐

绿釉陶罐

勇的女儿，杨勇太子之位被废了，所以当时墓志没有记载丰宁公主的父母。丰宁公主当时嫁给了韦圆照，韦圆照是韦孝宽的孙子，韦家当时和隋、唐皇帝都有通婚，后来韦圆照的侄女嫁给了李世民，所以说当时北周、隋、唐都是通婚关系的。

　　这是独孤信的多面体印。独孤信被誉为天下第一老丈人，他的三个女儿，长女嫁给了北周的皇帝，次女嫁给了唐代的皇帝，最小的女儿嫁给了杨坚——后来隋代的皇帝。这颗印，是在安康的旬阳县被发现的，但是当地的文物工作者并没有认识到它的重要性，后来有一个老先生叫王汉章，他到那里考察调研的时候，发现了这颗印，经他考证，认为是独孤信的印，从此这颗印和独孤信的美名开始流传开来。

独孤信的
多面体印

　　唐三彩是由西汉的铅釉陶和南北朝的双彩和单色
釉发展而来的。但是最早的唐三彩是什么时候的？唐
高宗麟德元年，就是公元 664 年，当时发现了一个三
彩的盖罐，最早的唐三彩颜色比较暗淡，光釉层比较
薄，厚薄也不均，没有后来斑斓璀璨的效果，也没有
出现亮丽的蓝彩。

　　这组文物实际上是唐代秋官尚书李惠墓葬出土的，
秋官尚书相当于现在的司法部长，李惠墓葬出土的唐

唐李惠墓葬
人物俑骑马俑

三彩是最早的人物俑骑马俑。

这件以赭黄色、绿釉为主的唐三彩是在洛阳的王雄诞夫人内室墓葬出土的。王雄诞是隋唐一位著名的猛将，是杜伏威的养子，唐代初年对他还有册封，他的夫人死后葬在了洛阳，在其墓葬中出土了打马球俑，打马球来源于波斯，在唐代皇室民间一直有流传，著名的大明宫里就有打马球的马球场。

王雄诞夫人墓
打马球唐三彩

唐三彩发现的区域主要有山西、河北等地区，陕西铜川、西安和一些遗址都有出土，两津地区出土最多。其次是扬州、成都、山西、河北。扬一益二，扬州经济发展第一，益州就是现在的成都，经济发展第二。唐三彩实际上出土在都城和都城周围以及经济发达区域。现在经过考古发掘和实物调查，山西、江西还有甘肃的秦安、瓜州、敦煌也出土有唐三彩。唐三彩出土的场所，一般都是墓葬，还出土于宫殿、民居、窑址中。

　　唐三彩以生动的造型和精美的釉色而著称，主要有40多个品种，分为三种器类：俑类、生活用具和模型器。模型器主要有三彩院落等，俑类主要有人物俑、天王俑，还有反映丝绸之路的胡人俑。

初唐　　　盛唐前期　　　盛唐后期　　　中晚唐

　　唐人以丰腴为美，请看这个最左边的图片，放到现在是一个非常时髦的女子。第二个是单刀女子，她穿的裙子是两种颜色相间的兼色裙，它源于波斯。另外一个女子头像上展示了大唐气度，最后的这个女子身体比较臃肿。初唐女子头发比较低平，系紧削肩长裙曳地，身姿婀娜，到后面变得越来越丰腴。唐代三百年，不同时期的陶俑都有不同，清晰反映出唐代的变化。

　　这两件是两个女坐俑，这种女坐俑出土非常少，在壁画中一般来说都是墓主人的形象。左边的这件是

女坐俑

一个持镜描化妆的好，右边戴了一个凤冠。女子眼睛都是上翘的，体现了唐代的自信、张扬、开放。

这是观鸟扑蝉图，出土于章怀太子墓。第一个女子，披着黄色的披帛，黄色的裙子，据说是用郁金香的香草染成的，带着香气。第二个女子，女着男装，穿着长领袍，很专注地在扑打着树，上面有蝉。最后

章怀太子墓出土的
观鸟扑蝉图

双环望仙髻

一个女子头微微地向上看着鸟，手里抚着金钗，这种自信怡然自得，动静结合的艺术观感跃然于纸上。

唐代女子发髻非常多样，主要有高髻、半翻髻、乌满髻、丫鬟髻、双罗髻，头发从低到高，唐代的这种自信从容的状态，从大发髻中展现出来。唐代未出嫁的女子，主要梳的是双环望仙髻，双环望仙髻是空心的，出嫁以后梳的头发都是实心的。

唐女子发髻式样

唐代女子化妆，主要有铺粉底、抹胭脂、描花钿等工序。一个浓妆淡抹总相宜的盛装女子，她要铅粉扑得很厚，着绿裙。如果洗掉这些铅粉，水都变成了金泥。花钿则是在眉毛之间和眉毛之上，主要用金钿

唐代妇女化妆顺序

❶敷铅粉　❷抹胭脂　❸画黛眉　❹贴花钿

❺点面靥　❻描斜红　❼涂唇脂

和翠羽来描，在酒窝的地方也会点胭脂，叫面靥。这些在敦煌壁画中都有很好的展现。

　　我们现在看到的是初唐的一对文官、武官俑，文官从容，武官刚毅。文官戴着的三梁进德冠是最早的官帽，三品以上用三个梁，五品以上用两个梁，九品

以上用一个梁。文物让我们能触摸历史，感受历史，传承文明，让我们历经千年，仍能看到文官和武官的形象。

天王是镇墓用的，踩着小鬼或牛，受四大天王和四大金刚的影响形成的，可以保护墓主人不受侵害。唐三彩里面的天王俑有一些变化，早期身体比较直，到了武则天的时期开始出现S形的扭动，也变得更加

面部栩栩如生的
胡人俑

205

雍容。

　　胡人俑是唐三彩着力刻画的一个形象，主要是牵驼俑和牵马俑，这个胡人俑眼睛圆瞪，面部栩栩如生，也是一个牵马俑或牵驼俑的形象。这种胡人俑的形象，应该是来源于突厥人。

　　现在看到的三个胡人俑是络腮胡子，最右边的拿着一个笏板，上面有一个鹤鸟。在这里补充一下，文官和武官戴的头冠是不一样的。文官是进贤冠，武官戴的是鹤冠，鹤冠上是一种鹤鸟，一种凶猛的鸟，它是为了显示武官的威猛和刚毅。袒胸双翻领都是胡人男子俑的形象，式样基本上都是牵驼或者牵马俑。也有胡人女俑，李白曾写过："笑入胡姬酒肆中。"

胡人俑

　　唐三彩中，除了人物俑，动物俑同样栩栩如生。在对外交流频繁的唐朝，马和骆驼是官吏使臣和外来商贾的重要交通工具，在东西往来的漫漫长路上，它们也成了人们最可靠的伙伴。唐代三彩马和三彩骆驼的塑造都非常形象，从它们的造型中，我们似乎看到这些马队和驼队，把大唐的风采带往世界各地。

唐代对马的塑造非常形象，像这种小头、宽腹、圆臀、长腿的马，都是来源于突厥的良马。李白有首诗叫《紫骝马》："紫骝行且嘶，双翻碧玉蹄。临流不肯渡，似惜锦障泥。"紫骝马一边行走一边嘶鸣，翻转着碧玉般的蹄子行到河边，犹豫不决，似乎害怕自己身上的这种华丽的鞍鞯被打湿了。唐代的三彩马，主要是有鞍鞯和鞍鞯，没有带鞍鞯和鞍鞯的马是备用的。这一个低头马，一个抬头马都是备用马，出土于永泰公主墓葬。

没有鞍鞯和鞍鞯的备用马

这件绞胎马出土于懿德太子墓。绞胎就像我们现在蒸花卷一样，是两种胎体不断绞合形成，非常难制作，特别是像这种雕塑的绞胎更难制作。当时是用左右合模的方式制作，狩猎的形象和马体成为一体，很是生动。

懿德太子墓的
绞胎马

女子骑马俑

　　女子骑马俑在唐代是非常少见的，左边这个戴着胡帽，穿着半臂衣衫。这个是初唐的唐三彩。右边一个则梳着双罗髻，翻着受中亚西亚影响的双领，都骑着枣红马。

　　三彩三花马，它的鬃被剪成垛一样的三绺。文献中记载，三彩三花马是最高等级马的形象，鞍鞯齐全，绿色的部分是鞍袱，可以挡鞍鞯的灰。如果主人骑乘的话就把鞍袱去掉，鞍袱之下还有障泥，就像我们现

三彩"三花"马

唐
高72CM 长88CM
1972年陕西省乾县
懿德太子墓出土

懿德太子墓出土
的三彩三花马

胡人牵马俑

章怀太子墓的
《骑马出行图》

在的车装饰，非常精美华丽。

　　这两件胡人牵马俑鞍鞯齐全，这种鞍袱是厚的垫子棕和丝绸做的，非常柔软。

　　章怀太子墓出土的《骑马出行图》，展现了马在奔腾的场景。

李重俊墓出土的
三彩马和牵马俑

　　节愍太子李重俊墓出土的三彩马和牵马俑，面目清秀，裹着幞头，马身上也装饰得非常华丽。

　　骆驼以坚韧不拔、不畏艰辛、吃苦耐劳而著称，被誉为"沙漠之舟"。骆驼有很多的造型，有立驼、载物驼、卧驼、单峰驼、双峰驼，颜色亮丽，斑斓璀璨。

立驼

这是一件载物的立驼，有一个兽面形的驼囊，驼囊两边有一些猎物，反映了在丝绸之路中不断行进的场景。

牵驼俑

上面这两件都是胡人的牵驼俑。

三彩载乐骆驼

唐三彩骆驼载乐俑

这是一件非常著名的三彩载乐骆驼，它上面有八个人物，有一个女子在跳舞唱歌，其他七个乐俑都在弹奏琵琶等乐器。这八个人物刻画得非常精致，跳动唱歌的舞叫胡步新声，反映了胡汉融合的场景。

唐三彩除了我前面讲的人物俑、动物俑之外，还有生活器皿，罐子、粉盒、瓶、烛台等。

三彩砚台

　　这是一个三彩的砚台，永泰公主和长乐公主墓葬都出土有砚台。唐代皇帝希望自己的女儿知书达理，而且能写会画。

烛台

　　这是一对烛台，古代没有灯，烛台是生活中不可或缺的物件。

　　这是一个云燕纹三彩盘，云燕纹的云朵，是短脚云纹，最边上的一圈是荷叶，彰显出唐代的纹饰简洁、大气。

　　永泰公主墓出土的一个三彩折腰的碗，由十二道白绿相间的水波纹组成。永泰公主是唐中宗李显的女儿，也是懿德太子李重俊的妹妹。永泰公主的夫婿是武延基。她的丈夫和哥哥一起议论武则天的私生活，被武则天知道之后，把他们杖杀了。永泰公主知道自己的哥哥和丈夫被祖母杖杀之后，第二天就小产死了。他们的父亲唐中宗继位之后，在公元706年将懿德太子和永泰公主好生埋葬。这是一个很悲惨的故事，但是留下来的唐三彩是很有价值的。

云燕纹三彩盘

永泰公主墓出土的三彩折腰碗

永泰公主墓出土了很多精美的唐墓壁画、唐三彩和彩绘陶俑，我们再共同赏析这幅《九宫女图》，画

永泰公主墓
《九宫女图》

面中走在最前面的是一个高髻单刀髻的盛装女子，后面的几个女子，分别拿着不同的器物，有如意、高足杯、团扇，她们都身穿短衣、拖地长裙。画面的中心有一个梳着罗髻的女子，被誉为唐代第一美人，手里拿着一个高足杯。整个画面画家用宫女的正、侧、反、转等把一个平淡无奇的画面描绘得非常丰富多彩，《九宫女图》是唐墓壁画中的精品，可以让我们感受到唐代宫女的生活。

唐三彩还有一种器型叫模型皿器，主要有庭院、车等一些模型。

这是一个三彩的院落。中国古代的院落是四合院的形式，一进两进三进，两边的顶会有不同，像庑殿顶、谢山顶，还有半面坡、两面坡的顶。唐三彩的庭

院，有假山、楼台、亭阁，根据考察，这其实是一个当时四品、五品官住的庭院的模型。

我们再看另外一组三彩庭院。这个庭院就更加生活化，有水井，有射箭的靶子，所以这个院落的等级要比刚才那个院落的等级稍微低一些。

牛车是唐三彩中刻画得比较精细的一个品种。古代没有汽车，主要靠牛马来做交通工具，骑马比较困

唐三彩牛车

难，牛车虽然比马车慢，但是比较平缓。通过这样一件三彩牛车，我们可以去想象唐代人乘牛车的情景。

唐代的三彩模型器，还有很多生活的场景。图中是一组点茶图。茶叶最早在汉代阳陵就已经出土。唐代的茶叶和现在的茶叶是有区别的。大家看这碾子，它把茶叶碾成碎末，再在炉子上蒸煮，煮出来以后再放到盆里，用勺子舀着喝，所以到唐宋的时候点茶图非常多。在这个托盘上面放的是茶点，这也是一个唐代茶饮的场景。唐代的这种执壶，它的流非常短，后来才不断变长。北朝到初唐的时候，器物的造型比较

唐三彩点茶图

修长，唐代整个器物造型变得浑圆饱满。但宋代的时候器物造型又变得修长，底也变小了。中国古代文物是一直发展、变化的，所以我们可以通过器物、胎、釉色、造型综合判断文物的时代特征。

唐三彩叠罗汉

　　唐三彩中有很多生活化的场景。这是一个叠罗汉的场景，栩栩如生，最下面的大力士，挺着双腿不断地向上用力，上面的四层童子也生动传神。

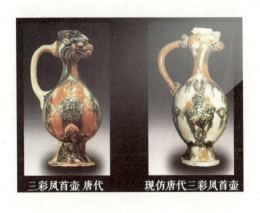

三彩凤首壶 唐代　　现仿唐代三彩凤首壶

唐三彩凤首壶
真假对比

这两件唐三彩一件真一件假，那么哪件是唐代的真品，哪件是现代的仿品？我们怎么判断一件文物的真伪？首先这是一个凤首壶，凤首壶我们要先看它的头部。这两个头部有什么区别？左边这个眼睛很圆，眼皮都快包不住眼睛了。右边这件的眼睛是闭着的。左边这件凤首壶的嘴里含了一个珠子，右边含的不知道是舌头还是珠子。唐代的器物造型，胡人深目高鼻，眼珠比较浑圆饱满，所以器物上也是带给人一种眼皮包不住眼珠的感觉。左边的这件更符合时代特征。另外，它的把手，左边的是可以用的，右边这件把手安得不对。我们判断这个文物的真伪，除了刚才说到的造型之外，其实唐三彩还有一种判断真伪的标准，就是它的开片。开片，有大开片，有小开片，开片层叠，老化程度是一千多年形成的。但是现在的仿品，制作火候都比较高，要么就大开片，要么就是细碎的小开片，原来长短大小不一的开片，层层叠压的现象，现在很难做出来。

　　唐三彩是唐代的陶瓷新品种，它以生动传神的造型和斑斓璀璨、灿若云霞的釉色而著称。唐三彩是由西汉的铅釉陶和南北朝的双色釉发展而来的，但也只有在自信、从容、大气、开放、包容的唐代才产生了这样的唐三彩，它是唐代的颜色，是大唐的颜色。它也是因厚葬之风而产生的，栩栩如生，斑斓璀璨，都是唐三彩的标签。唐三彩最早出现在唐高宗时期，安史之乱后随着唐代的衰落，唐三彩作为盛唐的产物也衰落了。

　　唐三彩历千年而不变色，唐三彩是用矿物质涂抹的，但上面有一层有机质，这种有机质会随着时间而褪色。上了一层大漆彩绘的秦兵马俑，大漆褪了以后颜色自然就褪了。但是唐三彩的釉色是用高温和低温两次烧造而成，所以历经千年而不朽，没有变色，让我们现在仍能有机会感受大唐的颜色和大唐的盛世辉煌！